本教材的出版获得了"北京市属高等学校青年拔尖人

管理沟通

实践教材

——让沟通更加有效

GUANLI GOUTONG SHIJIAN JIAOCAI

崔佳颖/编著

经济管理出版社

ECONOMY & MANAGEMENT PUBLISHING HOUSE

图书在版编目（CIP）数据

管理沟通实践教材——让沟通更加有效/崔佳颖编著. —北京：经济管理出版社，2015.4

ISBN 978 - 7 - 5096 - 3604 - 6

Ⅰ.①让… Ⅱ.①崔… Ⅲ.①管理学—教材 Ⅳ.①C93

中国版本图书馆 CIP 数据核字（2015）第 006829 号

组稿编辑：张　艳
责任编辑：张　艳　王　欣
责任印制：黄章平
责任校对：王　淼

出版发行：经济管理出版社
　　　　　（北京市海淀区北蜂窝 8 号中雅大厦 A 座 11 层　100038）
网　　址：www. E - mp. com. cn
电　　话：(010) 51915602
印　　刷：北京银祥印刷厂
经　　销：新华书店
开　　本：720mm×1000mm/16
印　　张：13
字　　数：206 千字
版　　次：2015 年 4 月第 1 版　2015 年 4 月第 1 次印刷
书　　号：ISBN 978 - 7 - 5096 - 3604 - 6
定　　价：39.00 元

写在前面的话

对于沟通是什么，人们常常有着这样或那样的误解，例如，有人认为沟通就是说话，沟通是人类本能，无须学习；也有人认为沟通类似于谈判，是人与人之间的语言交流，为各自利益在进行交谈。但是随着学者们深入的研究发现，沟通与谈判大相径庭。沟通与谈判最大的差异就在于，谈判往往在于利益之争，是你输我赢的思路，尽管运用的方法常常相似，但是沟通的终极目标却是双赢、多赢，只有你好，才能我好，才能保证大家好。

在沟通过程中，只有保证沟通客体满意，才能实现沟通主体的目标。只有你好，才能我好，才能保证大家好，也就是沟通有效。沟通总该是以对方为主，学会换位思考，才能实现有效沟通。有效沟通常常简化为一句话："我们说什么并不重要，别人听到了什么才重要。"

本教材期望目标是使学生了解和掌握企业中高层管理人员应当具备的管理沟通知识和能力，建立管理沟通意识，学习基本的个人沟通技巧。

目　录

第一章　认识管理沟通

"有再好的头脑，如果没有办法有效传递思想，也不会产生任何价值。"

——李·艾柯卡（Lcc Iacocca），前克莱斯勒汽车公司总裁

"未来竞争是管理的竞争，竞争的焦点在于每个社会组织内部成员之间及其与外部组织的有效沟通之上。"

——约翰·奈斯比特（John Naisbitt），世界著名的未来学家

第一节 失败的沟通案例带给我们的启示

有调查表明，工作中70%以上的障碍是由沟通不畅引起的。比如企业常见的效率低下的问题，实际上往往是有了问题、出了事情后，大家没有沟通或不懂得沟通所引起的。另外，企业里面执行力差、领导力不高的问题，归根到底，都与沟通能力的欠缺有关。

给企业造成最大比例损失的原因，不是技术不精良，不是人手不够多，不是资金不到位，而是企业方方面面的沟通不顺畅。沟通不畅给企业造成损失的事件举不胜举。管理沟通作为北美商学院中的一门必修课，其起因正是来自1990年1月，在美国发生的"阿维安卡52航班坠机事件"。

案例一：航空史上的悲剧

阿维安卡52航班坠机事件

1990年1月25日19：40，阿维安卡（Avianca）52航班飞行在南新泽西海岸上空37000英尺的高空。机上的油量可以维持近两个小时的航程，在正常情况下飞机降落至纽约肯尼迪机场仅需不到半小时的时间，这一缓冲保护措施可以说十分安全；然而，此后发生了一系列耽搁。首先，20：00整，肯尼迪机场航空交通管理员通知52航班的飞行员由于严重的交通问题他们必须在机场上空盘旋待命。8：45，52航班的副驾驶员向肯尼迪机场报告他们的"燃料快用完了"。管理员收到了这一信息，但在9：24之前，飞机没有被批准降落。在此之前，阿维安卡机组成员没有向肯尼迪机场传递任何情况十分危急的信息，但飞机座舱中的机组成员却相互紧张地通知他们的燃料供给出现了危机。

9：24，52航班第一次试降失败。由于飞行高度太低及能见度太差，因而无法保证安全着陆。当肯尼迪机场指示52航班进行第二次试降时，机组乘员再次提到他们的燃料将要用尽，但飞行员却告诉管理员新分配的飞行跑道"可行"。9：32，飞机的两个引擎失灵，1分钟后，另外两个也停止了工作，耗尽燃料的飞机于9：34坠毁于长岛，机上73名人员全部遇难。

首先，在"燃油危急"的情况下，飞行员一直说他们"油量不足"，交通管理员告诉调查者这是飞行员们经常使用的一句话。当被延误时，管理员认为每架飞机都存在燃料问题。根据航空管理的规定，如果飞行员发出"燃料危急"的呼声，管理员有义务优先为其导航，并尽可能迅速地允许其着陆。一位管理员指出，"如果飞行员表明情况十分危急，那么所有的规则程序都可以不顾，我们会尽可能以最快的速度引导其降落的。"遗憾的是，52航班的飞行员从未说过"情况紧急"，所以肯尼迪机场的管理员一直未能理解到飞行员所面对的真正困难。

其次，52航班飞行员的语调也并未向管理员传递有关燃料紧急的严重信息。许多管理员接受过专门训练，可以在这种情境下捕捉到飞行员声音中极细微的语调变化。尽管52航班的机组成员之间表现出对燃料问题的极大忧虑，但他们向肯尼迪机场传达信息的语调却是冷静而职业化的。

思考：

（1）为什么在如此紧急的情况下，机组人员仍然"淡定"地汇报"燃料快用完了"？

（2）为什么一个简单的信息既未被清楚地传递，又未被充分地接受呢？

当调查人员调查了飞机座舱中的磁带并与当事的管理员讨论之后，他们发现导致这场悲剧的原因正是沟通的障碍。正是这次航空史上惨痛的教训，使得美国从航空业开始关注沟通，并把沟通列为美国商学院的一门课程进行学习和研究。

讨论：引发阿维安卡52航班坠机事件的沟通障碍背后的深层原因是什么？

_____

_____

_____

案例二：邮件门事件

2006 年网络上盛传的"邮件门"事件，曾一度引起轩然大波，被称为当年人力资源界的三大丑闻事件之一。当事企业 EMC 一度登上负面品评的风口浪尖，而当事人瑞贝卡（Rebecca）也被网络评为"史上最牛女秘书"。细看事件根源，都是"沟通不当惹的祸"。

事件回顾：

2006 年 4 月 7 日晚，EMC 大中华区总裁陆纯初（Luke, Soon Choo）回办公室取东西，到门口才发现自己没带钥匙。此时他的私人秘书瑞贝卡已经下班。陆纯初试图联系后者未果。数小时后，陆纯初还是难抑怒火，于是在 4 月 8 日的凌晨 1：13 通过内部电子邮件系统用英文给瑞贝卡发了一封措辞严厉且语气生硬的谴责信。陆在发送这封邮件的时候，同时传给了公司的几位高管。

Rebecca,

　　I just told you not to assume or take things for granted on Tuesday and you locked me out of my office this evening when all my things are all still in the office because you assume I have my office key on my person.

　　With immediate effect, you do not leave the office until you have checked with all the managers you support——this is for the lunch hour as well as at end of day, OK?

面对大中华区总裁责备的英文邮件，两天后，秘书回了更加咄咄逼人的邮件。她在邮件中用"中文"回复说：

第一，我做这件事是完全正确的，我锁门是从安全角度上考虑的，如果一旦丢了东西，我无法承担这个责任。

第二，你有钥匙，你自己忘了带，还要说别人不对。造成这件事的主要原因都是你自己，不要把自己的错误转移到别人的身上。

第三，你无权干涉和控制我的私人时间，我一天就 8 小时工作时间，请你记住，中午和晚上的下班时间都是我的私人时间。

第四，从到 EMC 的第一天到现在为止，我工作尽职尽责，也加过很多次班，我也没有任何怨言，但是如果你们要求我加班是为了工作以外的事情，我无法做到。

第五，虽然咱们是上下级的关系，也请你注重一下你说话的语气，这是做人最基本的礼貌问题。

第六，我要在这强调一下，我并没有猜想或者假定什么，因为我没有这个时间也没有这个必要。

本来，这封咄咄逼人的回信已经够令人吃惊了，但是瑞贝卡选择了更加过火的做法。她回信的对象选择了"EMC（北京）、EMC（成都）、EMC（广州）、EMC（上海）"。这样一来，EMC 中国公司的所有人都收到了这封邮件。

可就在瑞贝卡回邮件后不久，近一周内，这封"女秘书 PK 老板"的火爆邮件被数千外企白领接收和转发，几乎每个人都不止一次收到过邮件，很多人还在邮件上留下诸如"真牛"、"解气"、"骂得好"之类的点评。其中流传最广的版本居然署名达 1000 多个，而这只是无数转发邮件中的一个而已。

作为邮件门事件的直接后果，Rebecca 很快辞职，然而在事件的后续跟踪中，网络亦有传言，陆纯初也由于此次邮件门事件，很快就被 EMC 调离原任。

讨论：

（1）邮件门事件中的沟通障碍有哪些？

（2）面对不满意的员工行为，企业经理人应该如何沟通？

（3）一旦出现与员工的冲突，企业经理人应该如何处理？

（4）面对大量负面信息或是丑闻盛传，企业经理人该如何挽救？

案例三：最蠢银行事件

不仅仅是航空业这样的行业中沟通起到生死攸关的作用，沟通障碍可能会出现在任何组织内，给组织造成巨大的损失。连一向以严谨著称的德国人，也曾出现了重大的失误，被一度戏称"德国最愚蠢的银行"。

"德国最愚蠢的银行"案例回顾

2008年9月15日上午10：00，拥有158年历史的美国第四大投资银行——雷曼兄弟公司向法院申请破产保护，消息转瞬间通过电视、广播和网络传遍地球的各个角落。令人匪夷所思的是，在情况如此明朗的情况下，德国国家发展银行居然按照外汇掉期协议的交易，通过计算机自动付款系统，向雷曼兄弟公司即将冻结的银行账户转入了3亿欧元。毫无疑问，3亿欧元将是"肉包子打狗——有去无回"。

转账风波曝光后，德国社会各界大为震惊，舆论哗然，普遍认为，这笔损失本不应该发生，因为此前一天，有关雷曼兄弟公司破产的消息已经满天飞，德国国家发展银行应该知道交易的巨大风险的存在，并事先做好防范措施才对。销量最大的《图片报》，在9月18日头版的标题中，指责德国国家发展银行是迄今"德国最愚蠢的银行"。此事惊动了德国财政部，财政部长佩尔·史坦布律克发誓，一定要查个水落石出并严厉惩罚相关责任人。

法律事务所的调查员先后询问了银行各个部门的数十名职员，几天后，他们向国会和财政部递交了一份调查报告，调查报告并不复杂深奥，只是一一记载了被询问人员在这10分钟内忙了些什么。然而，答案就在这里面。看看他们忙了些什么？

"德国最愚蠢的银行"调查结果

- 首席执行官乌尔里奇·施罗德：我知道今天要按照协议预先的约定转账，至于是否撤销这笔巨额交易，应该让董事会开会讨论决定。
- 董事长保卢斯：我们还没有得到风险评估报告，无法及时做出正确的决策。
- 董事会秘书史里芬：我打电话给国际业务部催要风险评估报告，可那里总是占线，我想还是隔一会儿再打吧。
- 国际业务部经理克鲁克：星期五晚上准备带上全家人去听音乐会，我得提前打电话预订门票。
- 国际业务部副经理伊梅尔曼：忙于其他事情，没有时间去关心雷曼兄弟公司的消息。
- 负责处理与雷曼兄弟公司业务的高级经理希特霍芬：我让文员上网浏览新闻，一旦有雷曼兄弟公司的消息就立即报告，现在我要去休息室喝杯咖啡了。
- 文员施特鲁克：10：03，我在网上看到了雷曼兄弟公司向法院申请破产保护的新闻，马上就跑到希特霍芬的办公室，可是他不在，我就写了张便条放在办公桌上，他回来后会看到的。
- 结算部经理德尔布吕克：今天是协议规定的交易日子，我没有接到停止交易的指令，那就按照原计划转账吧。
- 结算部自动付款系统操作员曼斯坦因：德尔布吕克让我执行转账操作，我什么也没问就做了。
- 信贷部经理莫德尔：我在走廊里碰到了施特鲁克，他告诉我雷曼兄弟公司的破产消息，但是我相信希特霍芬和其他职员的专业素养，一定不会犯低级错误，因此也没必要提醒他们。
- 公关部经理贝克：雷曼兄弟公司破产是板上钉钉的事，我想跟乌尔里奇·施罗德谈谈这件事，但上午要会见几个克罗地亚客人，等下午再找他也不迟，反正不差这几个小时。

德国财政部长史坦布律克出席银行监管董事会会议后感叹："我一辈子都没经历过这样的事。"演绎一场悲剧，短短 10 分钟就已足够。在这家银行，上到董事长，下到操作员，没有一个人是愚蠢的。可悲的是，几乎在同一时间，每个人都开了点小差，每个人都没有同其他人进行有效的沟通，核实并确认自己的信息和行为，加在一起就创造出了"德国最愚蠢的银行"。

讨论:

(1) 导致"德国最愚蠢的银行"的主要原因有哪些?

(2) 哪些环节应该负主要责任?如何改进才能避免此类事件的发生?

第二节 什么是管理沟通?

一、人际沟通

"沟通",源于拉丁文 communis,意为共同化,英文表示为 communication,《大英百科全书》解释为"用任何方法,彼此交换信息";在《美国传统双解词典》中有关 communication 的一项解释就为"交流、交换思想、消息或信息,经由说话、信号、书写或行为";《新编汉语词典》有关"沟通"的词条解释是"使两方能通连"。

人际沟通是指一般人与人之间的信息交流过程,或者说是人们分享信息、思想和情感的任何过程。尽管人际沟通是一种人类与生俱来的本能,它和衣食住行一样是基本需求。但是沟通的有效性却无法得到保障。

● 只有与人良好地沟通,才能为他人所理解;

● 只有与人良好地沟通,才能得到必要的信息;

● 只有与人良好地沟通,才能获得他人鼎力相助。

二、管理沟通

1. 管理沟通的概念与内涵

企业中进行的管理沟通就是企业组织及其管理者为了实现组织目标,在履行管理职责、实现管理职能过程中，通过信号、媒介和渠道，有目的地交流观点、信息和情感的行为过程。

在管理沟通过程中，编码、译码、沟通渠道是沟通过程取得成功的关键环节，它始于主体发出信息，终于得到反馈。由于沟通过程中仅仅接听信息是不够的，只有当信息招致听众做出期望的反应时，才算成功。因此，听众的反应是最为关键的，这也是管理沟通和其他类型沟通的本质区别。

2. 管理沟通的过程模式

管理沟通的过程模式如图 1.1 所示：

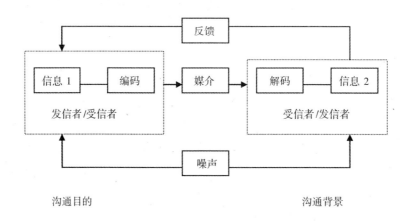

图 1.1　管理沟通的过程模式

（1）发信者（信息源）：发信者回答"谁正在发起行动（沟通）"，"信息从哪里发出的"，"为什么要信任他"等问题。发信者的动机、态度及其可靠性对沟通效果有重要作用。

（2）受信者（听众）：受信者即信息接收者。对这一要素，要考虑的问题包括：是什么促使他们接收和理解这些信息？他们对发信者建议态度是积极的还是消极的，或者是不冷不热的？有一个还是几个关键的听众？那些会受到发信者信息影响的次要听众是谁？有没有还没考虑到的听众？

（3）信息：这是指沟通主体（发信者和受信者）要分享的思想和感情。这些思想和感情通过评议和非语言两种符号来表达。关于信息这一要素，要考虑的问题包括：针对特定的听众，提供什么信息可实现沟通的目的？考虑他们需要多少信息？他们可能会产生何种疑惑？你的建议将会对他们产生何种利益？怎样使你的信息具有说服力和被受信者牢记在心？以及怎样组织你的观点才最有说服力？

（4）编码：是发送者将信息译成可以传递的符号形式的过程，发送者的词汇和知识在这里起着重要的作用。专业化的信息可以用专业术语传递，也可以用任何人都能理解的形式传递。

（5）解码：指信息接收者的思维过程，是信息接收者根据自己已有经验和参考的框架进行解释的过程。在这一过程中，接收者得到的信息与发送者的本意可能相似，也可能不同。发送者应明白，不管自己的期望如何，在接收者头脑中所进行的解码只反映了接收者自己的情况。

（6）管道或媒介：这是发送者把信息传递到接收者那里所借助的手段，如面谈、电话、会议、计算机网络、政策条例、计划、工作日程等。哪种媒体能把信息最有效地传递给每个重要听众？也就是说，是写信、发电子邮件，还是召开会议、发传真、做录像，或是举行记者招待会？我们都知道，实际上"媒介本身就是信息"，你在做出媒介选择时就已经在传递着相应的信息。例如，你送给办公室同事一份备忘录，可能表示你不愿与他面对面交谈。在参加面谈时通过整齐的职业装、自信的目光和尊重的语气这些非语言信号，发送出比求职信更为丰富的信息。

（7）反馈：这是发信者和受信者相互间的反应。沟通是为达到某种结果而进行的动态过程，一个信息引起一个反应，而这个反应又成为一个信息。反馈意味着沟通的每一个阶段都要寻求听众的支持，更重要的是给他们回应的机会。只有这样，你才会知道你的听众在想什么，才可能相应调整你发布的信息，使他们更有可能感觉到参与了这个过程并对你的目标做出承诺。比如你的同事向你诉说一件倒霉事，你会安慰他几句；你批评下属工作质量下降时，他竭力为自己争辩，这些都是反馈。由于反馈能让沟通主体参与并了解信息是否按他们预计的方式发送和接收、信息是否得到分享，所以它对沟通效果的好坏是至关重要的。相比之下，两个人面对面地沟通使沟通主体有最大的反馈机会，而在一个礼堂或报告厅里所进行的演说，不论演说者还是听众，其反馈都十分有限。总之，交流中包含的人越少，反馈的机会就越大。

（8）噪声：这是影响接收、理解和准确解释信息的障碍。根据噪声的来源，可将它分成三种形式：外部噪声、内部噪声和语义噪声。外部噪声源于环境，它阻碍人们听到和理解信息。最常见的噪声就是谈话中其他声音的干扰：车间里机器的轰鸣声、课堂外的喊叫声、隔壁邻居家装修房子的声音等。不过这里所说的噪声并不单纯指声音，它也可能是刺眼的光线、过冷或过热环境。有时在组织中，人们之间不太友好的关系，过于强调等级和地位的组织文化等也是有效沟通的障碍。内部噪声发生在沟通主体身上，比如注意力分散，存在某些信念和偏见等。语义噪声是由人们对词语情感上的拒绝反应引起的，如许多人不听带有亵渎语言的讲话，因为这些词语是对他们的冒犯。

3. 管理沟通与人际沟通的差异

如表 1.1 所示。

表 1.1   人际沟通与管理沟通的比较

人际沟通的特点	管理沟通的特点
个体性	管理者角色
随意性	服从组织目标
多变性	相对稳定性
以维护关系为导向	以达成共识为导向
面对面、口传方式为主	多种方式共存

第三节   管理沟通的意义是什么？

管理的核心——就是沟通：

● 从管理的主体来看：是活生生的人；

● 从管理的对象来看：工作指令、规章制度；

● 从管理的过程来看：是资源整合的过程；

● 从管理的功能来看：计划、组织、领导、控制；

● 从理论与实践来看：实质和核心是沟通。

一、从管理沟通的性质来看，管理沟通本身为管理的内容

诚然，管理沟通是一种沟通，并且也一定是管理活动中的沟通。但正像沟通发生在任何其他情况下都会形成相应的沟通类型或形式一样，发生在管理活动中的沟通，也必然是一种独特类型或形式的沟通。这种类型的沟通是管理者在履行管理职责的过程中，为了有效地实现管理职能而进行的一种职务沟通活动。因此，管理沟通不仅是与管理有联系，其实它本身就是管理的内容。

管理就是通过计划、组织、领导和控制组织的资源，以有效益和高效率的方式实现组织目标的过程。通常管理的职能被划分为四人类：计划、组织、领导和控制（见表1.2）。管理者的最终责任是取得高绩效，即以高效益和高效率的方式使用资源来实现组织的目标。

表1.2　四项管理职能所涉及在沟通方式

管理职能	计划	组织	领导	控制
管理沟通	阐明目标 传达计划 实施计划	发布命令 分配工作 安排职位	授权职责 培训下属 激励下属	绩效评估 反馈结果 撰写报告

（一）计划

计划就是设置目标，并确定由当前所处的位置到达预期目标的最佳路径的过程。这个过程包含一系列决策，即确定任务，在各种方案中选择未来的行动路径，并确定如何配置现有的资源，如员工、资金、设备、渠道或时间等。计划是企业有效运作的基础，有效的计划不仅指计划本身，而且包括如何使组织成员充分了解组织目标，理解行动方案，否则实施计划、实现目标都无从谈起，完美的计划也只能是一纸空文。显然，为了完成计划，实现预期目标，必须依靠有效的管理沟通活动，尤其是与下属的沟通。

（二）组织

组织工作就是精心策划组织内部的角色结构，并将每一个角色分配给每一位能够胜任的成员。组织是一个系统，组织中任何一个部分的变化都会对

整个系统产生影响。组织成员之间的协调互动过程本质上就是沟通过程，沟通为人员与工作的协调一致提供了"润滑剂"。事实上，组织中成员之间不可能不进行沟通，即使沉默也传达出组织成员的一种态度。

（三）领导

管理者通过自身的行为活动对员工施加影响，使其为实现组织目标而努力工作的职能，是领导的职能。越来越多的研究和实践表明，建立在职位基础上的权威对被领导者的行为所施加的影响极为有限，现代人更愿意追随那些能够满足大家需要、实现共同愿景的领导者。因此，管理者必须借助管理沟通来展示自身的人格魅力、知识才华和远见卓识，淡化地位与权威的作用，才能赢得更广泛的追随与支持。许多事实表明，有效的领导者同时必须是掌握娴熟的管理沟通技巧的人。

（四）控制

评估并纠正员工行为、促成计划完成的各种活动是控制的基本职能。从实质上讲，控制就是不断获得反馈，并根据反馈制定对策，确保计划得以实现的过程。这个过程也有赖于管理沟通的正常开展，没有有效沟通提供的准确信息，就无法准确进行评估和采取相应的纠错行动，也就不能如期实现预定的目标。

从表1.2中不难看出，"计划"意味着管理者追求的目标；"组织"提供了完成这样目标的结构、人员配备与相应的责任；"领导"则要使员工更积极，包括员工的自我激励与互动激励；"控制"是根据撰写的计划对实现目标进行精心评估与校正干预。这四项职能的执行都与管理沟通休戚相关，同时，计划、组织、领导和控制又是不可割裂的有机整体，四项职能的相互衔接和相互协调也离不开管理沟通。正如著名管理大师彼得·德鲁克所指出的：沟通是管理的一项基本职能。

二、从管理沟通的内容来说，管理沟通是规范性的活动和过程

作为管理活动之内容的管理沟通有别于任何随意的、私人的、无计划的、非规范的沟通。尽管管理沟通也可能是信息、思想、观点、感情、意见等任何内容的交流，但这些交流却与组织目标、任务和要求等密切相关。管理沟

通的任何内容的实施和展开都是受组织目引标导的一种有计划的、自觉的、规范性的活动和过程①。

三、从管理沟通的形式来看，管理沟通是一种制度体系

管理沟通非但会表现为人际沟通、组织沟通、正式沟通、非正式沟通等，它更应该包括现代组织信息活动与交流的一般管理要求和现代管理方式。这意味着管理沟通不仅是一种活动，同时也是一种制度或体系。具体说来，就是组织结构的选择和组织制度、体制的建设要成为有效沟通和有利于组织特定管理沟通要求的形式或模式。

四、管理沟通是管理活动的本质要求

管理最一般地讲，就是组织大家共同完成某个任务，实现某种目标的活动过程。这个过程以持续的、复杂的、大量的沟通活动为基础。据统计，沟通占据了管理者的大部分时间和精力。所以，管理沟通是管理者的基本职责之一，是管理行为的基本构成要素。不仅如此，管理沟通作为一种新兴的现代管理理念，在当代文化管理、软管理以及学习型组织、团队合作、忠诚、共赢、共同成长和复杂系统建构与运作等一系列新兴的管理理论与理念的支撑下，已经凸显为整个管理的核心内容。这应该引起我们的高度重视和深入思考②。

五、管理沟通对管理者的重要性可以表述为三个70%

管理沟通在企业中造成的效果，往往决定领导和管理的效果。经理人在管理活动中，发生的沟通，是否正面有效，还是产生了负面效果，往往不得而知。

管理的过程，其实质就是沟通的过程。沟通对于管理者的重要意义通常会用三个70%来表述。

---

① 查尔斯·E. 贝克. 管理沟通 [M] . 北京：中国人民大学出版社，2003.
② 张刚，焦建军，王文奎. 管理沟通理论的变革性质和意义 [J] . 理论导刊，2005 (2)：11 - 16.

第一个70%，指的是沟通对于个体尤其是管理者个人成功来说，其重要作用超过70%。

一个管理者能否在职业发展中获得成功，70%以上靠的是其是否具备了良好的沟通能力。也有人说"学习能力、创新能力、沟通能力"这三大能力并称为要在未来社会中获得成功的三大能力。可见沟通能力的重要作用。

表1.3　美国企业管理层智商测评表

测评项目	执行官平均分数	中层经理平均分数
1. 数字应用能力	20.1	17.9
2. 视觉的快速和准确性	107.1	88.8
3. 空间形象化	32.7	27.8
4. 数字推理能力	15.1	12.2
5. 语言推理能力	19.5	15.3
6. 说话的流利程度	55.4	45.3
7. 符号推理能力	13.9	10.9
8. 精力	24.3	20.3
9. 个人关系	25.8	27.8
10. 朝气活力	32.7	29.1
11. 对宗教的重视	30.3	34.6

从表1.3中可以发现，企业的高管人员与中层管理者在诸多能力上存在差异，其中差异最大的要属第2项"视觉的快速和准确性"和第6项"说话的流利程度"，而这两项内容恰恰都属于沟通能力范畴。

第二个70%，指的是管理者70%以上的时间所做的工作都与沟通相关。

管理者70%以上的工作都与沟通相关，是指企业的管理者，实际上70%的时间用在沟通上。开会、谈判、谈话、做报告是最常见的沟通形式，撰写报告实际上是一种书面沟通的方式，对外各种拜访、约见也都是沟通的表现形式，所以说有70%的时间花在沟通上。

俗话说，行为决定结果。不同的经理人把其时间分配在不同的工作上，进而导致了他们自身职业发展的差异，以及所领导的部门绩效的差异。然而，与一般经理人把大量时间放在传统管理及人事管理方面不同，有效的经理人和成功的经理人，都把大量的时间花在组织内外部的沟通方面，如表1.4所示。有效的经理人，更加关注与员工进行的内部沟通，因此，有效经理实现的效果是部门绩效最佳。而成功的经理人，更多关注与上级、平级，以及组织外部各种社会关系进行的交往，因而实现的效果就是自身的职业生涯发展更快，得到更多晋升的机会。可见，不同的选择，不同的行为，会导致不同的结果。值得一提的是，作为经理人，无论是在意自己部门的绩效，还是更加重视自身职业的发展，只要把更多的工作时间花在沟通上，都会产生更好的效果。

表1.4　管理者日常工作时间分配表　　　　　　　　　　单位:%

	一般经理人	有效的经理人	成功的经理人
传统管理	32	19	13
人力资源管理	20	26	11
内部沟通	29	44	28
社会交往	19	11	48

第三个70%，指的是企业中70%以上的障碍来自沟通不畅。

有调查表明，工作中70%以上的障碍是由沟通不畅引起的。比如企业常见的效率低下的问题，实际上往往是有了问题、出了事情后，大家没有沟通或不懂得沟通所引起的。另外，企业里面执行力差、领导力不高的问题，归根到底，都与沟通能力的欠缺有关。

20世纪初哈佛大学和达特茅斯商学院为加强其学生的写作和演讲能力，首次开设管理沟通课程，讲授一般沟通的应用技巧，管理学界开始了对沟通的关注。

第四节　管理沟通的障碍有哪些?

沟通的障碍根源有很多，如:

- 缺乏信息或知识；

- 没有适当地说明重要性；

- 只注重了表达，而没有注重倾听；

- 没有完全理解对方的话以致询问不当；

- 只顾按照自己预先设计的思路发展；

- 不理解他人的需要；

- 没有经过慎重的思考就得出结论；

- 失去耐心，使讨论变得白热化；

- 时间太短；

- 情绪不好；

- 职位、文化等方面的差距；

- ……

总体来说，管理沟通过程模式中任何一个要素出现问题都会造成沟通障碍。

一、地位差异引起的沟通障碍

企业中大多数管理者，其身份是多元的，对于企业的高管来说是下级，需要及时向高管汇报情况；对于自己部门的员工来说，管理者又是直属领导，是上级，要完成任务指派、监督并考核下属；同时，作为管理者，在企业内又需要与其他部门的平级的管理者进行平级间的沟通。正可谓是身兼数职，期待面面俱到，却又难面面俱到。

研究表明，地位的高低对沟通的方向和频率有很大的影响，地位悬殊越大，信息越趋向于从地位高的流向地位低的。组织成员间因地位不同而造成的心理隔阂，这种情况被管理学者称为"位差效应"，其意指：由于地位的不同使人形成上位心理与下位心理，具有上位心理的人因处在比别人高的层次而有某种优越感，具有下位心理的人因处在比别人低的层次而有某种自卑感。一个有上位心理者的自我感觉能力等于他的实际能力加上上位助力，而一个有下位心理者的自我感觉能力等于他的实际能力减去下位减力。

我们在实际工作和交往中也常有这样的体验，在一个比自己地位高或威望大的人面前往往会表现失常，事前想好的一切常在惊慌失措中乱了套，以致出现许多尴尬的场面，可是如果在一个地位或能力都不如自己的人面前，我们却可一切应付自如，乃至有超常发挥。在一个公司的组织结构中，由于管理级别的不同而在员工中产生了一些地位、等级感。在沟通过程中，地位和职位的不同将表现得更加明显。

余世维先生在其讲座稿中曾经总结，企业内的沟通障碍，可以用三句话概括：向上沟通没有"胆"，水平沟通没有"肺"，向下沟通没有"心"。这说明了，当前经理人各个方向的沟通都不顺畅，与各级进行的沟通都存在问题。

（一）向上沟通没有"胆"

上行沟通，也就是我们所说的跟上级进行的沟通，即给高层管理者提供反馈或建议。为什么没有胆量跟上司沟通呢？这是缘于陈旧的等级观念。一般的员工总是认为沟通是上司对下级，哪有下级主动去找上司沟通的。这种偏见贻误了员工主动与上司沟通的机会，结果是背着沉重的心理负担而不能自拔。在上行沟通之前，首先要知道自己的上级是什么情况，贸然行事，往往会留下不少后患，常常有人说"病从口入，祸从口出"。因而在中国的文化下，很多人一想到要主动去与上级沟通，就非常担心。

上行沟通的特点是非指示性的，自由、参与、授权方式等能促进有效的上行沟通。传统上，我们的官僚权威常常胜过了参与、授权的力量，造成上行沟通被抑制、严重误用，或者干脆被管理层所忽视的状况。员工通常害怕进行上行沟通。上行沟通系统面临的主要挑战就是：鼓励员工提出自己的想法。

在管理实践中，信息沟通的成败主要取决于上级与上级、领导与员工之间全面有效地合作。但在很多情况下，这些合作往往会因下属的恐惧心理以及沟通双方的个人心理而形成障碍。一方面，如果上级过分威严，给人造成难以接近的印象，或者缺乏必要的同情心，不愿体恤下情，这些都容易造成下级人员的恐惧心理，影响信息沟通的正常进行。由于畏惧，向上沟通时可能会"知而不言，言而不尽"。

另一方面，为了更好地鼓励上行沟通，很多国内外知名的优秀企业都想方设法，为此制定了各式各样的"沟通策略"，用以保证有效地上行沟通。

例如：制定完善的投诉程序；高层领导的开门策略、座谈会或热线电话；电子邮件或音频、视频对话；咨询、态度问卷和离职访谈；正式或非正式地参与决策；授权策略创造开放信任；外聘的独立调查员。以下就是几个知名企业的在上行沟通方面的特色做法。

惠普公司"敞开式的办公室"与"直呼其名"的沟通策略

惠普公司的办公室布局采用美国少见的"敞开式大房间"，惠普公司的每个人，包括最高主管，都是在没有隔墙、没有门户的大办公室里工作的。尽管这种随时可以见到的做法也有其缺点，但是惠普公司发现这种做法的好处远远超过其不利之处。

"开放式管理"策略是惠普管理哲学的不可分割的一部分。而且，这个做法鼓励并保证了沟通交流不仅是自上而下的，而且是自下而上的。

同时，为了打消企业内部因为等级差异而产生的沟通障碍，惠普公司要求对内不称头衔，即使对董事长也直呼其名。这样有利于上下左右通气，创造无拘束和合作的气氛。

比较案例：

案例1：名医劝治的失败

扁鹊见蔡桓公

扁鹊见蔡桓公，立有间，扁鹊曰："君有疾在腠理，不治将恐深。"桓侯曰："寡人无疾。"扁鹊出，桓侯曰："医之好治不病以为功！"居十日，扁鹊复见，曰："君之病在肌肤，不治将益深。"桓侯不应。扁鹊出，桓侯又不悦。居十日，扁鹊复见，曰："君之病在肠胃，不治将益深。"桓侯又不应。扁鹊出，桓侯又不悦。居十日，扁鹊望桓侯而还走。桓侯故使人问之，扁鹊曰："疾在腠理，汤熨之所及也；在肌肤，针石之所及也；在肠胃，火齐之所及也；在骨髓，司命之所属，无奈何也。今在骨髓，臣是以无请也。"居五日，桓侯体痛，使人索扁鹊，已逃秦矣。桓侯遂死。

选自《韩非子·喻老》

译文：

一天，名医扁鹊去拜见蔡桓公。扁鹊在蔡桓公身边站了一会儿，说："大王，据我看来，您皮肤上有点小病。要是不治，恐怕会向体内发展。"蔡桓公说："我的身体很好，什么病也没有。"扁鹊走后，蔡桓公对左右的人说："这些做医生的，总喜欢给没有病的人治病。医治没有病的人，才容易显示自己的高明！"

过了十来天，扁鹊又来拜见蔡桓公，说道："您的病已经发展到皮肉之间了，要不治还会加深。"蔡桓公听了很不高兴，没有理睬他。扁鹊又退了出去。

十来天后，扁鹊再一次来拜见，对蔡桓公说："您的病已经发展到肠胃里，再不治会更加严重。"蔡桓公听了非常不高兴。扁鹊连忙退了出来。

又过了十几天，扁鹊老远望见蔡桓公，只看了几眼，就掉头跑了。蔡桓公觉得奇怪，派人去问他："扁鹊，你这次见了大王，为什么一声不响，就悄悄地跑掉了？"扁鹊解释道："皮肤病用热水敷烫就能够治好；发展到皮肉之间，用扎针的方法可以治好；即使发展到肠胃里，服几剂汤药也还能治好；一旦深入骨髓，只能等死，医生再也无能为力了。现在大王的病已经深入骨髓，所以我不再请求他医治！"

五六天之后，蔡桓公浑身疼痛，派人去请扁鹊给他治病。扁鹊早知道蔡桓公要来请他，几天前就跑到秦国去了。不久，蔡桓公病死了。

讨论：

（1）蔡桓公为什么不肯听从扁鹊的建议？

（2）扁鹊如何去沟通才可能劝服蔡桓公？

案例2：景公占梦

景公占梦

景公病水，卧十数日，夜梦与二日斗不胜。晏子朝，公曰："夕者梦与二日斗，而寡人不胜，我其死乎？"晏子对曰："请召占梦者。"出于闺，使人以车迎占梦者至。

曰："曷为见召?"晏子曰："夜者公梦二日与公斗,不胜。公曰:'寡人死乎?'故请君占梦,是所为也。"占梦者曰："请反其书。"晏子曰："毋反书。公所病者,阴也;日者,阳也。一阴不胜二阳,故病将已。以是对。"占梦者入。公曰："寡人梦与二日斗而不胜,寡人死乎?"占梦者对曰："公之所病阴也,日者阳也。一阴不胜二阳,公病将已。"居三日,公病大愈。公且赐占梦者。占梦者曰："此非臣之力,晏子教臣也。"公召晏子且赐之。晏子曰："占梦以臣之言对,故有益也,使臣言之,则不信矣,此占梦之力也,臣无功焉。"公两赐之,曰："以晏子不夺人之功,以占梦者不蔽人之能。"

选自《晏子春秋·杂下》

译文:

齐景公肾脏有病,十几天卧床不起。这一天夜晚,他做了一个噩梦,梦见和两个太阳争斗,最后被打败了。第二天,晏子上朝,景公对他说:"昨天晚上,我梦见和两个太阳争斗被打败了。这是不是预示我要死了?"

晏子想想,回答说:"请召见占梦官员,为您占卜吉凶吧。"

说完,晏子出宫,派人用车接来占梦人。

占梦人见到晏子,问:"大王有什么事召见我呢?"

晏子告诉他说:"昨天夜晚,大王梦见他和两个太阳争斗,不能取胜。大王说:'是不是我要死了?'所以,请您去占卜一下。"

占梦人听了,不假思索地说:"请反其意解释吧。"晏子却说:"请不要那样做。大王所患的疾病属阴。梦中的日头,是阳。一阴不能胜二阳,所以预兆病将痊愈,请你这样回答吧。"

占梦人进宫以后,景公说:"我梦见和两个日头争斗而不能取胜,是不是我将要死了?"

占梦人回答道:"大王所患的病属阴,日头是阳。一阴不胜二阳,这是大王病将痊愈的吉兆。"

过了三天,景公的病果然痊愈了。

景公十分高兴,要赏赐占梦人。占梦人说:"这不是我的功劳,是晏子教我这样说的。"

景公听了,就召见晏子,要赏赐他。晏子道:"我的话由占梦人讲,才有效果。如果我自己说,您一定不信。所以,这是占梦人的功劳,我并没有什么功劳。"

景公同时赏赐了他们,并称赞说:"晏子不争夺别人的功劳,占梦人不隐瞒别人的智慧。"

讨论：

（1）晏子不自己直接劝服齐景公的原因是什么？

（2）逐一分析此案例中各角色在沟通中的优点。

（二）水平沟通没有"肺"

平行沟通，又称横向沟通，指的是与平级间进行的与完成工作有关的交流。水平沟通具有很多优点：第一，它可以使办事程序、手续简化，节省时间，提高工作效率。第二，它可以使企业各个部门之间相互了解，有助于培养整体观念和合作精神，克服本位主义倾向。第三，它可以增加职工之间的互谅互让，培养员工之间的友谊，满足职工的社会需要，使职工提高工作兴趣，改善工作态度。但是其缺点表现在，水平沟通头绪过多，信息量大，易于造成混乱；此外，水平沟通尤其是个体之间的沟通也可能成为职工发牢骚、传播小道消息的一条途径，造成涣散团体士气的消极影响。

在与上司沟通、与下属沟通、水平沟通三种沟通中，水平沟通是最为困难的。在公司里面，让老总们非常头疼的一件事是部门之间的不协调：你们拿着我的钱，还互相不配合，专门把精力用在互相扯皮、互相推诿上。水平沟通中最大的问题就是我不和你谈。和你财务部有疙瘩，我向采购部、向营销部讲，我和别人都讲，我就和你当事人不讲，或者即便是讲了，对方也不积极响应，可以不买你的账，你说要财务部办理报销，我就不报销，我说账上没钱，这款付不了。所以大家感觉部门之间沟通难，实际上是因为这种沟通不是真心，不是发自肺腑之言。

就如人们常说的"屁股决定脑袋"，在各个部门成员的内心都认为自己的部门是非常重要的，因而经常出现过于看重本部门，忽视其他部门。以下举例，就是几个不同部门成员对自己所在部门的看法，以及其他部门的一些不同观点。

生产部门心目中的自我		其他部门对生产部门的看法

生产部门心目中的自我

我们从事生产工作，每天很辛苦，工作环境又不好，公司的产品是我们生产出来的。业务部门以及财务部门的人却常常来找我们的麻烦，他们不体谅我们的困难。我们任劳任怨地工作，却没有得到应有的肯定。毕竟因为有了我们，才有了产品。如果没有我们，公司又如何做生意呢？

其他部门对生产部门的看法

他们喜欢起哄、诉苦，又做不好事情，他们封闭在以自我为中心的世界中洋洋自得，根本不去关心顾客真正的需求。他们非常短视，只重产品，而不了解公司的生存必须依靠全体部门的共同努力。他们一天到晚就知道交货期限、生产日程、原料、品质管理，真不知道他们还懂些什么？

市场部门心目中的自我

公司的前途都靠我们，我们看得准市场的方向，能够制定出明确的决策，并且带领公司走向成功。我们还有很好的眼光来应对变化中的市场，并策划出未来的成长。但即便如此，在公司内部，我们还必须与那些狭隘短视的财务人员、销售人员以及生产人员打交道。幸好有我们在，公司的未来才不会出现问题。

其他部门对市场部门的看法

他们是一群不切实际的幻想家，只是仰望着天上的星星，却看不见脚下的陷阱；他们与日常作业的实务相脱节，却忙着规划公司的未来；他们不应当好高骛远，而应当脚踏实地，好好地做些正经事才对。

财务部门心目中的自我

我们是公司资金的守护神。我们控制成本以确保利润，我们做事小心谨慎，并且防止公司发生重大错误。如果让生产部门的主张得逞，我们会买更多、更昂贵的机器设备而浪费资金，减少利润；至于业务部门，如果放手让他们去干，他们可能会做太多而无益的广告。

其他部门对财务部门的看法

他们只是一群在例行作业上埋头苦干的人。他们缺乏远见，太过小心，斤斤计较，只会用数字来衡量事情。他们只知道要控制成本，却无法创造利润。

无论从事的工作是市场、销售、生产、人事、财务还是研究开发，都会发现自我评价与其他部门对自己的评价相去甚远。但是作为一个整体而言，各个部门、同事之间的合作却是相辅相成、缺一不可的。要想解决"水平沟通没'肺'"，企业应先检讨公司机构设置是否合理。另外，部门之间应积极建立"供应商与客户"的关系，主动地培养对其他部门的服务意识，真心诚意地进行协助，共同为实现企业的目标而努力。另一种解决的方式就是彼此的矛盾积累到一定程度，来一个总爆发。要采取积极的方式，拉下面子去主动沟通。

沃尔玛公司的"特色聚会"

沃尔玛公司的股东大会是全美最大的股东大会，每次大会公司都尽可能让更多的商店经理和员工参加，让他们看到公司全貌，做到心中有数。萨姆·沃尔顿在每次股东大会结束后，都和妻子邀请所有出席会议的员工约 2500 人到自己的家里举办野餐会，在野餐会上与众多员工聊天，大家一起畅所欲言，讨论公司的现在和未来。为保持整个组织信息渠道的通畅，他们还与各工作团队成员全面注重收集员工的想法和意见，通常还带领所有人参加"沃尔玛公司联欢会"等。

萨姆·沃尔顿认为让员工们了解公司业务进展情况，与员工共享信息，是让员工最大限度地干好其本职工作的重要途径，是与员工沟通和联络感情的核心。而沃尔玛也正是借用共享信息和分担责任，适应了员工的沟通与交流需求，达到了自己的目的：使员工产生责任感和参与感，意识到自己的工作在公司的重要性，感觉自己得到了公司的尊重和信任，积极主动地努力争取更好的成绩。

王安石是北宋时期的大政治家，推行过著名的"王安石变法"，可正是由于不懂得处理与同级之间的沟通协调关系，没有防人之心，错认吕惠卿，结果一着不慎，满盘皆输。

王安石的失败

王安石变法时，最信任的是吕惠卿，将他视为知心朋友和得力助手。朝中之事无论巨细，都要与吕惠卿商量而后行，所有变法内容都由吕惠卿拟写成文，然后颁布推行。

对于王安石的重用，吕惠卿表面感恩，背地里却另有打算，他依附王安石，不过是投变法之机捞取个人好处罢了。即便是反对王安石变法的司马光也看出了吕惠卿的狼子野心，他写信对王安石说："吕惠卿这种奸邪小人，现在依附于你，目的是捞取向上爬的晋升之阶。"

可惜这些忠告王安石根本听不进去，当他迫于压力将要辞去宰相职务时，觉得几年来吕惠卿对自己如同儿子对父亲一样忠顺，能够将变法坚持下去，便极力荐举吕惠卿为副宰相。

吕惠卿果然是一个忘恩负义的势利小人，王安石一走，他就背叛了变法事业，不仅如此，他还罗织罪名，将王安石的两个弟弟贬至偏远的外郡，然后把罪恶之手伸向了王安石，吕惠卿整王安石的手段十分毒辣，当年王安石视他为左膀右臂时，对他无话不谈。一次，王安石对一件政事拿不定主意，便写信嘱咐吕惠卿："此事先不要让皇帝知道。"工于心计的吕惠卿偷偷地将信交给了皇帝，告王安石一个欺君之罪，吕惠卿就这样彻底断送了王安石的政治前程。

（三）向下沟通没有"心"

下行沟通，指的是对下属提供指导、控制，对业绩进行反馈，解释策略和程序等。由于在公司中的职位不同，经理人员可能与员工的观点亦不一致，这是两者相互沟通的严重障碍。沟通双方地位很大程度上取决于他们的职位，地位的高低对沟通的方向和频率有很大的影响。

地位影响人的心理，领导者不可避免会产生一种"居高临下"的感觉。当下属汇报工作时，不管他说完没有，只要觉得听懂了他要表达的意思，便打断他的话，开始滔滔不绝地发表自己的观点，然后以某些指令结束谈话。作为一个好上司，对于下属的需求，有多少人愿意倾听？认真倾听了吗？对于他们工作中出现的问题，用心理解和分析了吗？愿意放下架子，腾出时间去与他们促膝谈心，互动交流吗？如果这些都没做到，那么上级和下属的沟通一定出了问题。

全球著名的快餐企业麦当劳，就着非常值得借鉴的"下行沟通"之举，让我们看看克罗克的良苦用心。

麦当劳："把所有经理的椅子靠背锯掉"

麦当劳快餐店创始人雷·克罗克，是美国社会最有影响的十大企业家之一。他不喜欢整天坐在办公室里，大部分工作时间都用在"走动管理上"，即到各公司、各部门走走、看看、听听、问问。麦当劳公司曾有一段时间面临严重亏损的危机，克罗克发现其中一个重要原因是公司各职能部门的经理有严重的官僚主义，习惯躺在舒适的椅背上指手画脚，把许多宝贵时间耗费在抽烟和闲聊上。于是克罗克想出一个"奇招"，将所有的经理的椅子靠背锯掉，并立即照办。开始很多人骂克罗克是个疯子，不久大家开始悟出了他的一番"苦心"。他们纷纷走出办公室，深入基层，开展"走动管理"。及时了解情况，现场解决问题，终于使公司扭亏转盈。

楚庄王绝缨掩过得忠臣

公元前 606 年，楚庄王平定了叛臣斗越椒的叛乱之后，一日，设太平宴与群臣共贺胜利，君臣痛饮，从上午直至日落西山，尚未尽兴。庄王命侍臣点烛掌灯继续欢宴。当大家都有几分醉意的时候，庄王命他最宠爱的许姬来为群臣敬酒助兴，当许姬来到席间逐一为群臣敬酒助兴时，一阵风吹灭了灯，堂上顿时漆黑一片。席上有一人因倾慕许姬的美貌，乘机扯她的衣裙，拉她的手。许姬顺势将那人的帽缨揪了下来，疾步走到庄王前，附耳奏道："有人乘灯灭扯裙牵袖对我无礼，其帽缨已被我扯在手里，大王快令人点烛，看看是哪个狂徒干的。"庄王听罢，急令正欲点灯的侍臣："暂缓点灯。"然后对群臣说："我今日与诸卿开怀畅饮，大家统统绝缨抱帽喝个痛快。"当莫名其妙的百官皆去缨摘帽之后，庄王才令人点烛掌灯。于是，除庄王和许姬之外，堂上皆无人知晓灯灭时所发生的事。许姬对此大惑不解，事后问庄王为何不追究无礼之徒，反为其遮掩。庄王解释道："今日是我请百官来赴宴，大家饮酒一整天，大多有几分醉意了，酒醉之后出现狂态，可以谅解。而且掌灯之后，我暗察众人举止，对无礼之人已有察觉。此人虽绝缨抱帽，装束与众一样，但其行为显局促，举止有失常，不能泰然处之，不像是惯做轻浮之事的人。所以决定饶他这一次。"许姬听罢，觉得有理，也就不再提此事。

次年秋天，楚国和郑国发生了战争。副将唐狡自告奋勇当先锋，率其百余部下，逢山开路，遇水搭桥，使楚军主力顺利向作战地域开进。在主力会战中，唐又率领本部，舍生冲入敌阵，打乱了郑军部署，使楚军大破郑军，获得了胜利。战后，庄王要重赏唐狡，唐跪下说："小人不敢领赏，今日小人舍生杀敌，乃是报大王在'太平宴'上遮掩我调戏许姬的过失，赦我杀头之罪的恩典，以功补过。"在场文武百官知道其中详情之后，都感叹道："如果陛下当日不是绝缨掩过，而明烛治罪，今日哪来效死杀敌的大将呢？"

臣僚调戏君王的宠姬，本该罪不容赦，但是庄王却能从"饮酒一日，难免酒醉疏狂"的客观实际出发，且察觉到唐狡并非"惯做轻浮之事"，为下属绝缨掩过，足见其宽广的胸襟和不凡的气量。

古人说："人非圣贤，孰能无过。"作为上级，一要有容人之过的宽阔胸怀，能容忍下级的差错或失误。二要理解体谅下级出错后难过、后悔、自责、羞愧、惶恐等心情，要明白，下级的心情比你的心情更为沉重。领导者对下属有了宽厚之心，方可对下属进行客观地评价，才能看见其优点，容忍其缺点，才不会以一时一事的成败来判定一个人的能力，抹杀他的功绩。领导者若能实行宽容的政策，下级定会被你吸引，爱戴你，信服你，要知道宽容和谅解有时会是一种很强大的力量。

二、信息过滤造成的沟通障碍

信息过滤也称信息失真影响，是指人们在选择接受自己感兴趣的信息时，一般很容易接受与自己切身利益相关的，而对自己不利的，或与己无关的，则往往被忽略。沟通双方无法准确地接受并理解原本的信息，使沟通发生障碍。有时候信息过滤甚至是由于信息发送者有意操纵信息，修改信息，甚至篡改信息，以使信息显得对信息接受者更为有利。

在组织中，当信息在自上而下地传递过程中，下属会揣摩上级的意图，从而导致信息膨胀；而当信息在自下而上的过程中，下属常常压缩或整合信息以使上级不会因此而负担过重，从而导致信息被删减。过滤的主要决定因素是组织结构中的层级数目，组织中的纵向层级数目越多，过滤的机会就越

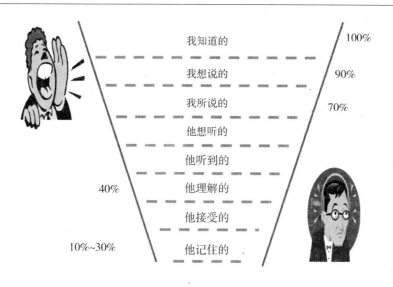

我知道的　　　　　100%

我想说的　　　　　90%

我所说的　　　　　70%

他想听的

他听到的

40%　　他理解的

他接受的

10%~30%　　他记住的

多，信息的失真度也就越大，因此组织层级应越少越好。

三、情绪因素引起的沟通障碍

　　情绪，是人的各种感觉、思想和行为的一种综合的心理和生理状态，是对外界刺激所产生的心理反应，以及附带的生理反应，如：喜、怒、哀、乐等。情绪是个人的主观体验和感受，常跟心情、气质、性格和性情有关。《礼记·礼运》中记载的"七情"分别指："喜、怒、哀、惧、爱、恶、欲。"情绪智力（emotional intelligence）是指"个体监控自己及他人的情绪和情感，并识别、利用这些信息指导自己的思想和行为的能力"。换句话说，情绪智力也就是识别和理解自己和他人的情绪状态，并利用这些信息来解决问题和调节行为的能力。在某种意义上，情绪智力是与理解、控制和利用情绪的能力相关的。

　　在接受信息时，接受者的感觉会影响到他对信息的解释。不同的情绪感受会使个体对同一信息的解释完全不同。任何极端的情绪体验，都可能阻碍有效的沟通。当人们处于狂喜或盛怒的状态时，由于不能进行客观理性的思维活动，而代之以情绪性的判断，这些都会阻碍有效沟通。因此我们应避免在情绪很不稳定（沮丧、狂喜等）的时候做出决策，因为此时我们无法冷静、周密地思考问题。

　　情绪对沟通的影响至关重要，人的情绪状态会左右接收和传送信息的方式，还直接影响到信息的接受和理解的方式。例如：如果觉得情绪激动或紧张，沟通就有可能受阻，因为个体本应更为理智的思想过程可能被这些情绪所蒙蔽。个体还有可能以一种比预期更加肯定或否定的态度接受信息。

　　如果主体对进行沟通的人抱有强烈的反感，对信息的解释很有可能受看法的影响。同样，所沟通的任何内容也有可能受别人态度的影响。如果主体对某事特别感兴趣，就更有可能选取与自己心仪的事物有直接关系的信息，而且会忽视或根本不去注意其他事。

　　因此，沟通前要调整好自己的情绪，不要让个人的喜怒哀乐影响沟通的过程，避免造成"冲动的惩罚"。

　　沟通中的情绪管理可以分成两部分：一方面是如何来处理别人朝向自己的情绪，包括如何处理老板的情绪，如何处理员工或客户的情绪；另一方面是如何来管理自己的情绪，应该怎么样跟自己相处。

　　管理情绪要先学会辨别自己和他人的各种情绪。对情绪丰富的人而言，除了六种基本的情绪（开心、伤心、恐惧、愤怒、惊奇、厌恶）之外，他们还能够表现出数百种复杂的情绪。如果你无法认识或体会到某些情绪，就无法获得有关导致这些情绪的特定事件、情形或人的重要信息。此外，你会不认同或刻意回避那些会引起你内心不适的他人的情绪。

自我情绪认知测试

● 我最容易接受自己和他人的哪种情绪？

● 我何时收到过有关自己移情或缺少移情的反馈？

● 我的何种需求正在得到满足或遭受挫折？这些需求与我的情绪变化有何种关系？

● 我是否具有某种习惯性的情绪强度？

● 我是否总是突然"打开"或"关闭"情绪？

● 我要花多长时间才能发现自己正处于某种特定的情绪状态？

● 其他人是不是有时对我的情绪表达感到意外？

● 我最近一次难以放弃一种情绪状态是在什么时候？发生了什么？牵涉到哪些人？

● 我什么时候实现了从一种情绪状态向另一种情绪状态的转变？发生了什么？

● 我有何种情绪信号系统？

避免情绪影响沟通，避免过于自我表现，要以平等的心态来沟通。自我优越感在沟通的时候会流露出炫耀的语气，以此给其他沟通者带来不快，并可能因此让其他沟通者从情绪上严重抵触。经理人心态放平了，有利于避免对方抵触情绪，会使得沟通更有效。

学会控制情绪，还要注意平时的训练，做到以下5点：

（1）学会放松：当你感觉过分紧张、烦恼、恐惧时，可采用深呼吸的方法放松自己，即深深地吸气，慢慢地呼气，使自己的身心放松。也可以采用自我暗示的方法，如反复默念："我现在放松了，我的全身处于自然而然的轻松状态。"还可以用回忆过去成功的体验来鼓励自己。

（2）学会转移：当火气上涌时，有意识地转移话题或做点别的事情来分散注意力，便可使情绪得到缓解。打打球、散散步、听听音乐，也有助于转移不愉快情绪。

（3）学会宣泄：遇到不愉快的事情及委屈，不要埋在心里，要向知心朋友或亲人诉说出来或大哭一场。这种发泄可以释放内心郁积的不良情绪，有益于保持身心健康，但发泄的对象、地点、场合和方法要适当，避免伤害别人。

（4）学会安慰：当一个人追求某项目标而达不到时，为了减少内心的失望，可以找一个理由来安慰自己，就如狐狸吃不到葡萄说葡萄酸一样。这不是自欺欺人，偶尔作为缓解情绪的方法，是很有好处的。

（5）学会幽默：幽默是一种特殊的情绪表现，也是人们适应环境的工具。具有幽默感，可使人们对生活保持积极乐观的态度。许多看似烦恼的事物，用幽默的方法对付，往往可以使人们的不愉快情绪荡然无存，立即变得轻松起来。

自我情绪控制测试

1. 你通常是如何调节和控制情绪的？并说说你的这些方法好不好。

2. 你能做到在逆境中也能保持谈笑自如吗？

3. 情绪和理智对你来讲，哪一个更多地影响和左右你？

4. 当你将自己的情绪带到工作中去的时候常会得到什么样的结果？

5. 请你设计一个沉着冷静地控制自己情绪的自我，并用详细的语言将他描述出来。

6. 倘若你有烦闷的情绪时，请先自查一下原因，并写在纸上，一条一条地写清楚为的是哪些事，然后尽力去改变它。做做看，并将之前和之后的感受相对比，看看有什么不同。

7. 你通常是如何调节和控制情绪的？并说说你的这些方法好不好。

8. 你怎样才能避免将自己的情绪带入到与人沟通的过程中？

第五节　如何实现有效的管理沟通？

管理大师德鲁克眼中有效的沟通方法：

● 必须知道说什么；

● 必须知道对谁说；

● 必须知道何时说；

● 必须知道怎么说。

一、了解沟通主体——知道说什么

沟通主体的沟通目标、沟通主体的认知以及沟通主体的个性等都会对沟通是否有效产生很大的影响。

此部分内容，会在第二章管理沟通的主体分析中详细阐述。

二、了解沟通对象——知道对谁说

有效沟通，还需要了解沟通的对象：他/她是谁？（地位、个性、文化背景等），他/她要什么？（个体需要、倾听需求、语言习惯与期待等）

不了解沟通对象，甚至会出现"鸡同鸭讲"的情况。"鸡同鸭讲"字面意思为鸡和鸭讲话，语言不通，形容两个人没有共同语言，无法沟通，也有对牛弹琴的意思。在粤语地区，还有一则俗语叫作"鸡同鸭讲，眼碌碌"。

此部分内容，会在第三章管理沟通的客体分析中详细阐述。

三、掌握沟通时机——知道何时说

孔子说："言未及之而言，谓之躁；言及之而不言，谓之隐；未见颜色而言，谓之瞽。"用现在的话说就是：话还没说到那儿，你就出来发表意见了，这叫毛毛躁躁；话题已经说到这了，你本来应该自然而然地往下说，可你却吞吞吐吐，遮遮掩掩，这叫有话不说；不看别人的脸色，上来就说话，这就叫睁眼瞎。

沟通的合适时机指已经具备沟通的客观环境条件，且双方都愿意进行对话的时候。尤其是与上司进行沟通，更要注意找准时机。例如，一位公司职员向老板要求加薪，但当时老板刚丢了一笔生意，心情不好，于是婉言拒绝了他的要求。由于该职员再三坚持自己的主张，老板寸步不让，结果导致一场激烈的争论，最后该职员不得不辞职离开。因此，在上司情绪低落时，千万不要去打搅他；也不要赶在吃饭的时间去讨论，因为这时他易于分散精力和匆忙地做出决定；上司准备去度假或者度假刚回来，也最好不要去打交道。

把握沟通时机的 3 个关键

1. 祝福要在当场传达

当别人达成某种成果时，最好当场坦率地加以称赞。如果你想"现在很忙，以后再说吧。下次见到他的时候，再告诉他吧！"把赞美延后，你会被视为是嫉妒他人的成功、没有自信的人。错过时机的恭喜，不只无法传达你的心意，甚至会被当作是讽刺或社交辞令。

---

2. 道歉要在事发当天

如果你与上司出了问题，即使你认为自己没有错，但是在下班回家的时候，只要一句道歉说："今天给你添麻烦了"，第二天，你们的关系就会大为不同。如果你闹意气，把这件事情放着不管，你就错过和好的机会了。

3. 注意要比期限还早

有些事情确实是要花时间去做的，但是迅速地响应，会提高客人对你的信赖。听到电话留言或是收到传真的时候，应该回复一句"我知道了，详细情况明天再谈"，只要尽早给对方答复就可以了。

此部分内容，第六章口头沟通练习中也有涉及。

讨论：

（1）好事情应选择什么时机说？

（2）坏事情应选择什么时机说？

任务：

通过电影《当幸福来敲门》和《在云端》，来学习如何选择沟通的时机。

四、掌握沟通技巧——知道怎么说

有效沟通有其原则和技巧。怎么说远远比说什么更加重要。了解应该采用的沟通方式，掌握沟通技巧，是实现有效沟通必要的保障。

此部分内容，会分别在口头沟通、倾听与反馈、书面沟通、非语言沟通等部分详细阐述。

课后阅读

课后案例 1："航空史上最严重的空中相撞空难"

"新德里空难"案例

1996 年 11 月 12 日，刚在英迪拉·甘地国际机场起飞的沙特阿拉伯航空 763 号班机与正向同一机场进场的哈萨克斯坦航空 1907 号班机在新德里附近的哈里亚纳邦查基达里上空相撞。两航机上共 349 人全部罹难，是航空史上最严重的空中相撞空难。

空难回顾：

沙特阿拉伯航空 763 号班机当时载着 289 名乘客及 23 名机员，在印度当地时间傍晚 6 时 32 分于英迪拉·甘地国际机场起飞，前往法赫德国王国际机场（位于沙特阿拉伯东部城市达兰）。同一时间，哈萨克斯坦航空 1907 号班机载着 27 名乘客（包括 13 名要到新德里采购羊毛商品的商人）和 10 名机员，正向英迪拉·甘地国际机场进场。当 1907 号班机飞到距离机场 74 英里（117.5 公里）时，获管制员批准下降至 15000 英尺。同一时间，已爬升至 10000 英尺的 763 号班机获管制员批准继续爬升至 14000 英尺，并等待通过 1907 号班机后继续爬升。

大约 6 时 40 分，1907 号班机报告已下降到 15000 英尺。管制员知道两班航机将会接近对方，于是提醒 1907 号班机："留意 12 时方向，有一架沙特阿拉伯航空的波音 747 正向着你的相反方向前进，目视航机后请报告。" 1907 号班机接着向管制员询问两航机的距离。管制员答道："14 英里（22.5 公里）。" 1907 号班机没有回应，于是管制员再次警告："航机距离你 13 英里（21 公里），飞行高度 140（14000 英尺）。"虽然 1907 号班机确认了第二次警告，但过了不久，两班航机还是在哈里亚纳邦查基达里的 14000 英尺上空相撞，并从管制员的雷达屏幕上消失。

两架航机几乎是迎面相撞——1907 号班机的左边机翼削开了 763 号班机的机身后半部分和机尾，并使 763 号班机立即解体。1907 号班机则在撞地前保持集体结构完整。相撞后，两航机的残骸坠落在哈里亚纳邦查基达里的田野。搜救人员在 763 号班机的残骸中救出 4 名重伤的乘客，但他们最终都不治身亡。

提莫菲·毕斯（Timothy J. Place），美国空军的一位机师，当时正在驾驶运输机飞进新德里，并是事件的唯一目击者。

负责调查事故原因的委员会由当时新德里最高法院的法官 R. C. 拉郝蒂（2004 年 7 月升任首席法官）领导。委员会邀请了印度的航空交通管制员工会的人士及两班航机所属的航空公司人士作证。搜救人员寻获的黑盒则由所属航空公司在委员会的监督下分别在莫斯科和伦敦解读内容。

参考了多方面的证供及分析了黑盒的内容后，委员会认定事件是由哈萨克斯坦航空 1907 号班机的机长单方面造成的。根据黑盒的记录，1907 号班机的机长在航机下降到管制员指定的 15000 英尺高度后并没有停止下降，反而让航机继续下降，曾经让航机下降到低于 14000 英尺的高度。调查报告指出 1907 号班机无视管制员指示的严重过失是因为机组人员的英语水平极低，并完全依靠他们的无线电通讯官与管制员联系。

哈萨克斯坦官员反驳指控，指出当飞机下降的时候，1907 号班机驶进积云中，并遇上湍流，指出天气因素也是引致事故的另一个原因。航空交通管制员工会的代表引述气象报告指出当时并没有湍流，但指出两航机在云团中相撞。这从唯一的目击证人——提莫菲·毕斯的证供中获得证实。最终，调查委员会认定意外的主因是哈萨克斯坦航空 1907 号班机的机长未遵从管制员的指示（保持指定的高度），至于未遵从管制员指示的原因则未有定论。调查结果确定有两个可能性：航机在云团中遇上湍流或沟通问题。此外，当地机场设备落后也是引致意外的另一个原因。英迪拉·甘地国际机场当时并没有二次雷达测量航机的实际飞行高度，只有过时的一次雷达估计飞机的飞行方向。不准确的航机资料，某种程度上影响了管制员的判断。

另外，当时的民航管制区都是把进场和离场的航线分开，但因为新德里附近的空域大多被印度空军占用了，故新德里的航机使用同一条"空中通道"进场和离场。这增加了航机发生空中相撞的风险。

针对这两项潜在问题，调查报告建议新德里的空域作出以下改善：

新增一条"空中通道"，以便将进场及离场的航线完全分开；安装二次雷达，以获得航机的准确飞行高度；强制所有在印度运作的航机均须安装空中防撞系统；削减印度空军专用空域，以增加管制的灵活性。按照建议，印度民航局规定所有进出印度的航机均需安装空中防撞系统，这是世界第一个强制规定航机需要安装空中防撞系统的国家。

有两套纪录片记录了这次空难："Head On!"——在国家地理频道播放。

空中浩劫——此次空难还被摄制成"Head – on Collision",一些地区译作"Crash Course",而中国香港、台湾地区则称为"夺命碰撞"。

讨论:

(1) 新德里空难中的沟通障碍有哪些?

(2) 管理当局应如何避免此类空难的发生?

(3) 案例中的管理当局所采取的措施是否有效?

课后案例2:"航空史上死伤最惨重的空难意外"

"特内里费空难"案例

这一事故是有史以来最大的空难事故——特内里费空难(Tenerife Disaster,或也称为加那利空难),令全世界都为之震惊。共有583人在这场"地狱之火"中丧生。其中,荷航飞机上的257人全部遇难,泛美航班上则有61人奇迹般地得以生还。

这是一件在1977年3月27日傍晚于西班牙北非外海自治属地加那利群岛的洛司罗迪欧机场发生的两架波音747巨无霸客机在跑道上高速相撞的严重空难事件。由于发生事故的两架飞机都是满载油料与人员状态的大型客机,因此事件造成两机上多达583名的乘客与组员死亡,是直到2001年"911"事件发生前,因为飞机而引发的灾难中死伤人数最多的一起,也是迄今为止死伤最惨重的空难意外。

事件的两个主角分别是美国泛美航空的PA1736和荷兰皇家航空的KL4805。事发当时该机场的雾非常重,无论是机场塔台还是泛美与KLM的飞行员,三方之间都无法看见对方的动态,再加上该机场的跑道中央灯故障又无适当的雷达导航设备,无疑是给这个混乱的情况火上浇油。

PA1736滑行到一半想要进入通往12号跑道的滑行道时,泛美的飞行员发现他们被体积巨大的KL4805挡住去路,在剩余路宽不足的情况下他们被迫等待乘客都下机。在机场中休息的 KL4805 重新办理登机手续，准备妥当并离开等候区后，再尾随升空。

KL4805 在 16：56 呼叫塔台请求滑行的允许，塔台照准，除了 KL4805 外，塔台方面也准许 PA1736 离开等候区，跟随着前面的 KLM 客机在主跑道上滑行，并且指示他们在 3 号滑行道处转弯离开主跑道。

KL4805 在快滑行到 30 号跑道起点附近的等待区过程中曾和塔台联络，当时塔台给予的指令是"OK, at the end of the runway make one eighty and report ready for ATC clearance"（好的，请在跑道末端 180 度回转，并且回报准备已就绪，等待航空运输管制清场），但却被 KLM 的机长误会为他们已被授权起飞。

KL4805 在抵达 30 号跑道的起跑点后，副机长曾用无线电呼叫塔台征询起飞许可，当时塔台人员没听清楚副机长浓厚的荷兰口音英文到底是说"We are at take off"（我们在起飞点），还是"We are taking off"（我们正在起飞），因此回答"OK ... Standby for taking off ... We will call you"（好的，待命起飞，我们会通知你）。却不料无线电讯的后半段正好被泛美机长回报"We are still taxiing down the runway"（我们还在跑道上滑行）的讯号给盖台，结果 KLM 的机组人员只听到塔台说的"OK"却没听到后半段的对话。

虽然荷航的机械工程师曾质疑过塔台方面是否已经授权起飞，但机长早已因好几个小时的延误而弄得非常焦躁，而忽略了其警告。17：03 泛美的机长最后一次与塔台汇报他们正在跑道上滑行。不久，当泛美客机不小心错过三号滑行道入口、正打算弯进四号滑行道前往起飞等候区的瞬间，副机长突然注意到跑道远方有 KLM 客机的降落灯。起初他们以为那时 KLM 正在静止状态等候起飞，但仔细一看却发现降落灯正在晃动，KL4805 其实在奔驰状态。泛美的副机长大声呼叫机长将飞机驶离主跑道，机长也立刻全速推进让飞机冲进跑道旁的草皮上，但为时已晚。虽然另一边 KLM 的机长在见到前方横在跑道上的泛美客机后，很尽力地让飞机侧翻爬升，起飞攻角之大甚至让机尾在跑道地面上刮出一个 3 尺长的深沟，但仍然无法挽救大局。刚离地的 KLM 客机扫过泛美客机的机身中段后继续爬升了 100 尺左右，失控坠落在 250 码外的地面上，爆炸焚毁（根据事后的调查发现，KLM 客机可能是为了节省再落地加油的时间而将油箱加满，增加了许多重量）。而被剧烈撞击的泛美客机则在瞬间爆出大火，整架飞机断成好几块，只有左翼与机尾在事件后保留大致的模样。

KL4805班机：事故当时该班机上共有234名乘客与14名机组员，其中大部分的乘客是荷兰人，另有2名澳大利亚人，4名德国人与2名美国人。在事件中机上无人幸免。

PA1736班机：在事故发生时，该班机上有396人，其中321个乘客与14个组员死亡，大部分都是死于满载油料的飞机爆炸后的大火。但位在该机机首与机尾部分仍然有不少幸存者，包括54名乘客与7名组员，其中泛美的机长也逃过一劫。

两架飞机相撞的灾难中共有583人死亡，以当时史无前例的惨重程度而登上民航史上第一名的位置。

讨论：

（1）特内里费空难中的沟通障碍有哪些？

（2）管理当局应如何避免此类空难的发生？

课后案例3："波兰前总统卡钦斯基空难"

"波兰前总统卡钦斯基空难"案例

波兰总统卡钦斯基乘坐的飞机于2010年4月10日上午在俄罗斯西部的摩棱斯克坠毁，机上的人员全部身亡，其中包括卡钦斯基及夫人、波兰陆军参谋长、海陆空三军司令、国家银行行长和外交部副部长等高级官员。卡钦斯基夫妇及94名高官全部遇难。

俄罗斯公布了卡钦斯基专机坠毁的最终调查报告。报告中，俄罗斯将主要责任归咎于波兰方面，称是波兰驾驶员的经验不足、波兰醉酒空军将领对驾驶员施压迫降、恶劣的天气等一系列原因导致了坠机惨案。针对俄方的报告，马辛表示，俄方完全不提自己应承担的责任，坠机前 22 秒，波兰驾驶员在重新核对了纬度数据后拒绝降落，"但是驾驶员的努力失败了，因为他们被错误的数据误导了"。

也有调查称，机场方面不仅发出了有关天气状况恶劣的警告以及建议转飞备用机场降落的建议，而且机组人员当时确实收到了这项信息。波兰总统失事专机机组人员不但没有听从航空调度人员提出的到备用机场着陆建议，而且没有向地面汇报飞机着陆参数，这可能是因为飞行员的俄语水平低因而理解和交流困难所造成的。

讨论：

（1）波兰总统飞机空难案例中的沟通障碍有哪些？

（2）管理当局应如何避免此类空难的发生？

自我测试：趣味测试"工作环境中的沟通水平"

1. 你上司的上司邀你共进午餐，回到办公室，发现你的上司颇为好奇，此时你会：

a. 告诉他详细情况；

b. 不透露蛛丝马迹；

c. 粗略描述，淡化内容的重要性。

2. 当你主持会议时，有一位下属一直以无关的问题干扰会议，此时你会：

a. 要求所有的下属先别提问题，等你讲完；

b. 纵容下去；

c. 告诉此下属在预定的议题讨论完之前先别提出新的问题。

3. 你与上司正在讨论问题，有人打长途给你，此时你会：

a. 告诉上司的秘书说不在；

b. 接电话，而且该说多久就说多久；

c. 告诉对方说你在开会，一会回过去。

4. 有位员工连续第四次在周末向你提出要求提前下班，此时你会：

a. 明说我不能允许你了，否则他人会有想法；

b. 今天不行，下午四点我要开个会；

c. 你对我们相当重要，我们需要你，特别是在周末。

5. 你刚刚成为部门主管，你知道还有几个人关注这个职位，上班的第一天，你会：

a. 个别找人谈话确认出有谁想当这个部门的主管；

b. 忽略这个问题，并认为情绪的波动会很快过去；

c. 把问题记在心里，但立即投入工作，并开始认识每一个人。

6. 有位下属对你说："有件事本不应该对你说，但不知你听说没有——"你会说：

a. 我不想听办公室的流言；

b. 跟公司有关的事情我才有兴趣听；

c. 谢谢你告诉了我怎么回事，让我知道详情。

第二章　管理沟通的主体

有效的管理者并非为工作而工作，而是为成果而工作。他们首先就问："期望于我的是什么？"企业的目的和任务必须转化为目标。如果一个领域没有特定的目标，则这个领域必然会被忽视。

——彼得·德鲁克

第一节　沟通主体的目标是什么？

《孙子·谋攻篇》中说："知己知彼，百战不殆；不知彼而知己，一胜一负；不知彼，不知己，每战必殆。"意思是说，在军事行动中，既了解敌人，又了解自己，百战都不会失败；不了解敌人而只了解自己，胜败的可能性各半；既不了解敌人，又不了解自己，那只有每战必败的份儿了。对于沟通亦是如此，只有了解自己的性格，了解自己要进行沟通的目标，同时还要了解沟通的客体，才可能进行有效地沟通。

在企业中进行沟通，首先就是要了解自己的沟通目标。举例来说，例如一个主管因为业务的进展需要与老板沟通，那他在推开老板办公室的门前，就必须理解自己的目的，是仅仅汇报业务的进展，还是讨论业务的发展；是为了显示自己的功劳，还是为了推卸责任；是简单的汇报，还是寻求新的指示；是给老板报喜，还是报忧；是为了申请更多的资源做准备，还是直接提出要求；是沟通业务本身，还是借此机会谈论其他问题……所有的这些思考，都需要在真正开始沟通之前，进行深思熟虑。

无论是对上级、平级、下级，还是对客户进行的沟通，每位经理人都需要在沟通之前，用心地思考：这次沟通的目标是什么？我要实现什么样的结果？

很多经理人就是由于在沟通过程中没有清楚地思考自己的沟通目标是什么，因此而导致沟通的失败。就拿我们在第一章开篇时所举的"邮件门"事件来说，其实最根本的原因就是当事人陆纯初在发出责备秘书 Rebecca 的邮件之前，没有清楚地思考自己沟通的目标是什么——是为了发泄一下自己被锁在门外的不满？还是为了帮助秘书改正她的错误？抑或为了处罚秘书，才同时把邮件转发给另外两名高管？如果他当时冷静一下，记得在工作中的沟通，首先要做的就是了解自己的沟通目标，那么相信他一定能够找到合适的有效沟通方法，至少可以不必去承受"冲动的惩罚"。

沟通目标应尽可能地细化，由易而难，由浅入深。沟通目标可以分为初级目标、中级目标和最终目标，目标设计越具体、越细化，就越容易实现沟通。例如，经理人与客户沟通的最终目标是促成某项交易，但是他的初级目标可能是先让客户对公司及员工产生好感，然后再进一步向客户展示公司的专业能力，让客户感受到公司的高品质服务，最后才是与客户协商交易的数量和价格。如表2.1 所示。

表 2.1　沟通目标实例

总体目标	行动目标	沟通目标
沟通各部门工作情况	每隔一定时间，报告×次	这次演讲后我的老板将了解我这个部门本月的成绩
加强顾客基础	每隔一定时间，与×数量的客户签订合同	读完此信客户将签订合同
建立良好的财务基础	保持不超过×的年债务与资产的比率	读完这份电子邮件后，会计将为我的报告提供确切信息 这份报告的结果是董事会将同意我的建议
增加雇用的女工数	在某日之前，雇用×个女工	通过这次会议我们将构思一项策略以达到这一目标 通过这次演讲，至少有×个女性将报名参加我们公司的面试
保持市场份额	在某日之前，达到×	通过这一备忘录，我的老板将同意我的市场计划 通过这次演讲，销售代表们将了解我们产品的发展

沟通目标测试框架

- 我的沟通目标是否符合社会伦理、道德伦理？
- 在现有内、外部竞争环境下，这些目标是否具有合理性？
- 我就这个问题作指导性或咨询性沟通的可信度如何？
- 是否有足够的资源来支持我的目标的实现？
- 我的目标是否能得到那些我所希望的合作者的支持？
- 我的现实目标是否会与其他同等重要的目标或更重要的目标发生冲突？
- 目标实现的后果如何，能否保证我及组织能够得到比现在更好的结果？

讨论与角色扮演案例1：沟通主体的目标如何实现

她的沟通目标是什么？

王丹是一个典型的北方姑娘，在她身上可以明显地感受到北方人的热情和直率，她喜欢坦诚，有什么说什么，总是愿意把自己的想法说出来和大家一起讨论，正是因为这个特点她在上学期间很受老师和同学的欢迎。今年，王丹从西安某大学的人力资源管理专业毕业，她认为，经过四年的学习自己不但掌握了扎实的人力资源管理专业知识，而且具备了较强的人际沟通技能，因此她对自己的未来期望很高。为了实现自己的梦想，她毅然只身去广州求职。经过将近一个月的反复投简历和面试，在权衡了多种因素的情况下，王丹最终选定了东莞市的一家研究生产食品添加剂的公司。她之所以选择这家公司是因为该公司规模适中、发展速度很快，最重要的是该公司的人力资源管理工作还处于尝试阶段，如果王丹加入她将是人力资源部的第一个人，因此她认为自己施展能力的空间很大。

但是到公司实习一个星期后，王丹就陷入了困境中。

原来该公司是一个典型的小型家族企业，企业中的关键职位基本上都由老板的亲属担任，其中充满了各种裙带关系。尤其是老板给王丹安排了他的大儿子做王丹的临时上级，而这个人主要负责公司研发工作，根本没有管理理念，更不用说人力资源管理理念，在他的眼里，只有技术最重要，公司只要能赚钱其他的一切都无所谓。但是王丹认为越是这样就越有自己发挥能力的空间，因此在到公司的第五天，王丹拿着自己的建议书走向了直接上级的办公室。

"张经理，我到公司已经快一个星期了，我有一些想法想和您谈谈，您有时间吗？"王丹走到经理办公桌前说。

"来来来，小王，本来早就应该和你谈谈了，只是最近一直扎在实验室里就把这件事忘了。"

"张经理，对于一个企业尤其是处于上升阶段的企业来说，要使企业持续发展必须在管理上狠下功夫。我来公司已经快一个星期了，据我目前对公司的了解，我认为公司主要的问题在于职责界定不清，雇员的自主权力太小致使员工觉得公司对他们缺乏信任，员工薪酬结构和水平的制定随意性较强，缺乏科学合理的基础，因此薪酬的公平性和激励性都较低。"王丹按照自己事先所列的提纲开始逐条向张经理叙述。

张经理微微皱了一下眉头说："你说的这些问题我们公司也确实存在，但是你必须承认一个事实——我们公司在盈利。这就说明我们公司目前实行的体制有它的合理性。"

"可是，眼前的发展并不等于将来也可以发展，许多家族企业都是败在管理上。"

"好了，那你有具体方案吗？"

"目前还没有，这些还只是我的一点想法而已，但是如果得到了您的支持，我想方案只是时间问题。"

"那你先回去做方案，把你的材料放这儿，我先看看然后给你答复。"说完张经理的注意力又回到了研究报告上。

王丹此时真切地感受到了不被认可的失落，她似乎已经预测到了自己第一次提建议的结局。

果然，王丹的建议书石沉大海，张经理好像完全不记得建议书的事。王丹陷入了困惑之中，她不知道自己是应该继续和上级沟通还是干脆放弃这份工作，另找一个发展空间。

讨论：

（1）案例中王丹的沟通目标是什么？

（2）案例中张经理的沟通目标是什么？

（3）如果您是王丹，应该如何进行上行沟通才能更加有效呢？

（4）如果您是张经理，会如何与王丹进行沟通呢？

参考分析：

任何沟通都是有目的的，沟通双方都希望通过沟通满足自己某方面的需要。如果沟通双方在沟通中能够清楚地了解对方的沟通目标，在沟通中站在对方的角度在不损害自身利益的前提下提供对方期待得到的东西，那么沟通就会实现双赢。

在本案例中，根据王丹的个性和心理等特点，王丹在本次沟通中可能的目标有：①从公司利益出发，提出自己的建议希望能解决公司的管理问题；②满足一个刚毕业的大学生的成就动机需要，仅仅是通过向上级表达自己的观点证明自己是一个能干的人，因此希望获得上级的肯定和认同；③从王丹的性格来看，她可能只是想找一个人来探讨交流自己的观点，希望对方能和自己一起讨论、完善自己的观点。

张经理可能是公司未来的一把手，他更关心公司的盈利状况和自己在公司中的地位和影响力。而且他又是主要负责研发工作的，在思维逻辑和处事方法上就会更注重实证的、数据性的东西，追求理性和准确明晰。因此他在本次沟通中的目标可能有：①借机会向新员工介绍企业的现实状况，希望新员工能更快地了解组织情况以融入组织，尽快进入工作状态；②希望王丹在不影响自己在公司中地位和权限的情况下拿出解决公司管理问题的方案；③向王丹传递这样一个信息：我们公司是一个家族企业，有许多东西是无法改变的，尤其是在权力分配方面，因此你不要试图改变公司的权力结构，打破公司的现状；④希望通过沟通，再争取一个支持者和助手，以帮助自己巩固和提高自己在公司中的地位和权力。⑤希望和第三者交流自己作为家族企业中的一员所要面对的各种裙带关系和权力纷争，获得对方的理解和共鸣。

在本次沟通中王丹可能更倾向于通过沟通满足自己的成就和自我实现需要，因此更希望获得张经理的及时反馈，即使张经理不同意自己的观点也应该说明理由并肯定自己的做法和精神。而张经理则可能更希望王丹在了解公司实际情况后，在不触及家族成员间利益关系的前提下针对公司的管理问题提出具体可行的解决方案，而且这种方案有助于巩固、提高自己的地位或者至少不受损害。由此可以看出，本次沟通失败的原因之一在于没有明确对方的沟通目标，从而向对方传递了不合适的信息。如王丹提出的"管理对家族企业的发展很重要，公司中职责权限不清"等建议就与张经理的期望不符，而张经理则忽视了王丹期望获得及时反馈和认可的需求，不但没有对王丹的建议给予评价反而表现出很大的不满，并且强制性地很快中断了谈话，以后也没有做出任何反馈。

讨论与角色扮演案例2：与白露的交谈

> **与白露的交谈**
>
> 你是一家专门为航天工业提供零部件的生产企业的总经理。你公司有一位叫白露的管理人员，刚从国内某著名大学管理学院获得了 MBA 学位，最近加入了你的公司，任职于财务部门，负责财务计划小组内的工作。她是揣着非常有力的推荐与学历证明进入公司的。但是，白露刚来时间不长，就发现她在加强个人声誉方面似乎有点不择手段。近来，你听到越来越多有关白露的议论，比如：她行为傲慢，自我推销，公开批评小组内其他成员的工作。当你第一次与她就小组业绩进行交谈时，她否认小组中存在问题。她宣称如果有什么的话，那就是她正通过提高小组工作标准对小组业绩产生了正面影响。当听到了最近来自她同事的一系列抱怨后，你决定再次安排时间与白露谈谈。

讨论：

（1）这个案例中你的下属所存在问题的关键是什么？

（2）你将如何与白露交谈，使得你在解决问题的同时与下属的关系也得到加强？

（3）你将说什么、如何说，才可能有一个最好的结果？

第二节　主体认知与沟通

一、主体认知

认知或者知觉过程，是人们依赖自己的经验，对所获得的信息进行选择、解释和评价的心理过程。

由于每个人都受到不同的价值观、文化背景以及当时其他环境因素的影响，知觉过程是因人而异的。站在不同立场上的人们，对于同一个信息的评价各有不同。人们把距离自己远的观点，常常评价为比实际上更远的观点；而对于接近他们立场的信息，却认为比实际上更加接近自己的观点，甚至认为与自己的观点完全相同。这表明，站在各种不同立场上的人们，评价那些与立场有关的现象时常常是不客观的。由于人们很难同样地接受事物和环境，知觉对于沟通有着重要的影响，包括我们在与他人打交道和做评价时使用成见、先入为主、晕轮效应、投射以及选择性等。下面我们对这些现象进行详细分析。

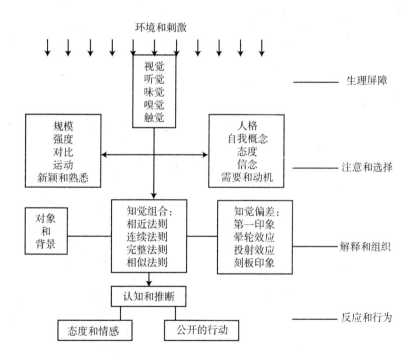

（一）错觉

错觉是歪曲的知觉，也就是把实际存在的事物歪曲地感知为与实际事物完全不相符的事物。如下图会使你产生什么错觉？

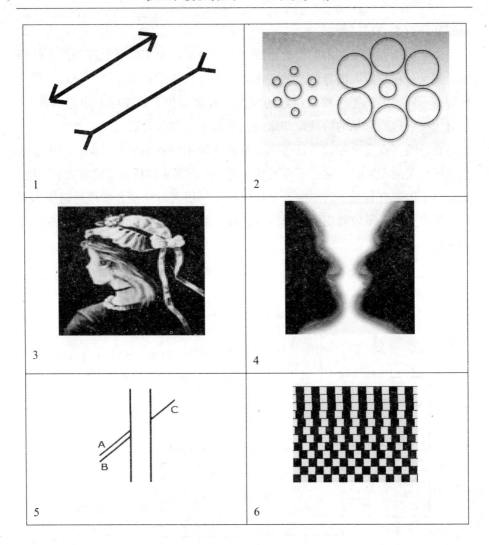

讨论：知觉的错觉现象带来的启示是什么？

（二）偏见

知觉偏见是由于受某些知觉规律的影响，社会知觉可能发生一定偏差。常见的社会知觉偏见有：第一印象效应（首因效应）、晕轮效应、刻板效应和投射效应等。

（1）首因效应：也称第一印象作用，第一次看到其他人或听到他们的声音时，我们的心里就基于我们所获得的最初信息而创造了深刻的心理印象，这是个体在社会认知过程中，通过"第一印象"最先输入的信息对客体以后的认知产生的影响作用。这种先入为主的第一印象是人的普遍的主观性倾向，会直接影响到以后的一系列行为。实验心理学究表明，外界信息输入大脑时的顺序，在决定认知效果的作用上是不容忽视的。最先输入的信息作用最大，最后输入的信息也起较大作用。大脑处理信息的这种特点是形成首因效应的内在原因。

（2）近因效应：与首因效应相反，近因效应是指在多种刺激一次出现的时候，印象的形成主要取决于后来出现的刺激，即交往过程中，我们对他人最近、最新的认识占了主体地位，掩盖了以往形成的对他人的评价。心理学的研究还表明，在人与人的交往中，交往的初期，即彼此间还生疏的阶段，首因效应的影响重要；而在交往的后期，就是在彼此已经相当熟悉时期，近因效应的影响也同样重要。

（3）刻板效应：又称定型效应，是指人们用刻印在自己头脑中的关于某人、某一类人的固定印象，以此固定印象作为判断和评价人依据的心理现象。在组织中，刻板印象主要有三个来源：年龄、种族和性别。

对于年龄较大、比较传统的员工的六个常见的刻板印象是：①对组织变革有较大的抗拒心理；②创造力较小；③比较不愿意承担可预期的风险；④身体较差；⑤比较不愿意学习新方法；⑥新技术的接受能力较差。虽然关于性别的刻板印象大部分并没有被证实，但男人和女人仍然被认为有许多不同。男性被认为比女性更武断、积极、客观、理性和有能力。女性被认为较被动、情绪化、服从和敏感。

（4）晕轮效应：又称月晕效应，指对个人的某些特质的认知，影响了人们对此人的其他特质的看法。比如有些公司只雇用学习成绩完全优良的大学毕业生，因为他们认为，分数高不只显示学业优良，同时也是该生人际关系和领导能力的体现。

（5）投射效应：是指在知觉他人时，知觉者认为他人也具备与自己相似的特性，这种把自己的感情、动机和愿望反映到他人身上的倾向称为投射。

投射是把自己的某些特征加到别人身上，认为别人也是如此。这便是人们常说的推己及人的情形。尤其当对方的某些特征如年龄、职业、籍贯、性别、社会地位等与自己相同时投射效应更容易发生。投射使人们倾向于按照自己的特征去知觉别人，而不是按照知觉对象的真实情况进行，它能使知觉失真，例如一个吹毛求疵的人可能会认为别人也吹毛求疵，而看不到自己的毛病。

三篇文章由不同的教授判定成绩

数据	成绩							
1#				5C +	6C	2C −	1D	
2#	2A	2A −	3B	1B −	1C +	3C	2D	1D −
3#	4A	3A −	2B +	4B	1B −	2C +		

讨论：

（1）造成三篇文章成绩差异的主要原因是什么？

（2）三篇文章主要有哪些差异？

二、认知与沟通

人们在沟通过程中，会把信息转换成对他人有意义、能理解的符号或文字。在转换的过程中，我们会将过去发生的事件、经验，现在的动机和对未来的预期等作为参考，而接收者也会依赖自己的一个特别的参考框架来解读这些信息。接收者将处理和分辨信息，而不是简单地对事件本身做出反应。如果人们相互间的参考架构和解释判断越相似，沟通也就越容易进行。但事实是，人们不是都按相同的方式获取和判断信息的，即使是面对相同的信息，也可能按不同的方式挑选、组织和理解。由于认知的不同，误解在沟通中时常出现，因此认知上的差异是有效沟通的主要障碍之一。

在通常情况下，人们习惯于展示自己的长处，隐蔽自己的劣势和不足。有时如果反其道而行之，适当向对方暴露自己的短处，反而能够赢得别人的

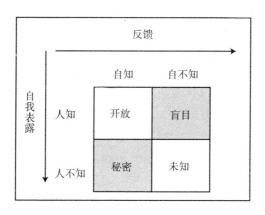

图 2.1 约哈里之窗（Johari Window）

信赖和敬重。美国社会心理学家约瑟夫·勒弗特和哈里·英厄姆将这一社会现象称为"约哈里之窗"理论，如图 2.1 所示。他们认为，每个人心里都存在四个区域：自己了解、别人也了解的"开放区域"，别人了解、自己却不了解的"盲目区域"，只有自己了解、从未向人透露的"秘密区域"，自己和别人都不了解的"未知区域"。心理学研究表明，人际之间的交往状况好坏与否，在很大程度上取决于相互之间"自我展示"的程度。

人与人的交往是一个互动过程，我对别人开放的区域越大，往往容易获得对方相一致的开放区域。一般而言，尽量扩大"开放区域"，缩小"秘密区域"，多向对方袒露心扉，自然容易获得别人的好感。我们在人际交往中，如果能够敞开心扉，适当暴露自己，将真实的一面展示出来，往往较易赢得对方的信任。在多数的情况下，人们总是喜欢和一些坦诚、真实的人交往。

如果对方勇于坦言自己的不足和缺点，我们反而觉得他很坦率，拉近了彼此的心理距离，心里会感觉更加踏实。每个人都生活在自己的隐秘世界中，人与人之间总有一些隔阂和戒备，而自我暴露能够在一定程度上融化这层隔阂，使人与人之间能够互相理解与接纳，相处更加融洽、和谐。

心理学家奥特曼认为："良好的人际关系是在自我暴露逐渐增加的过程中发展起来的。随着信任程度的提高，双方会越来越多地暴露自己。"一般情况下，关系越密切，人们的自我暴露就越广泛、越深刻。因此，自我暴露的广度和深度，成了测量人际关系深浅的"尺度"：自我暴露的层次越深，说明双方的交情越深，关系越融洽；相反，如果对方对自己的私生活讳莫如深，则表明他对你心存戒心，并没有把你当作他的知己朋友。

心理学家将自我暴露的层次由浅到深，划分为四个层次。首先是情趣爱好方面，比如饮食习惯、偏好等；其次是态度，如对人的看法，对政府和时事的评价等；再次是自我概念与个人的人际关系状况，比如自己的自卑情绪和家人的关系等；最后是隐私方面，比如个体的性经验，个体不为社会接受的一些想法和行为等。当然，无论两人之间的关系多么密切，每个人心中都有一些不愿为任何人所知的秘密。自我暴露并不是越多越好，而是需要掌握一定的技巧和分寸。

恰如其分地自我暴露能够快速拉近彼此的距离，而过早、太少和太多的自我暴露反而让双方更加疏远。过早的自我暴露容易引起对方的慌乱和怀疑，进而产生自我防卫的措施，反而拉大了双方的心理距离；太少的暴露不利于建立平等和谐的关系，而过多的暴露又容易让人产生厌恶的情绪。正确的做法是，彼此自我暴露的程度要趋于一致，暴露的过程一定要循序渐进。

对比较亲密的朋友可以做较多的暴露，对泛泛之交可以做中等程度的暴露。我们在求职过程中可以运用"约哈里之窗"理论，适当暴露自己的秘密，袒露胸怀以获取对方的同情与理解。

美国著名社会心理学家约瑟夫和哈里对如何提高人际交往成功的效率提出了一个名为"约哈里之窗"的理论。

"约哈里之窗" 实践活动

提升自我暴露度的方法

第一步，请5个非常了解你的朋友，要他们列出你的优点。

可以先从好朋友做起，看到底怎么样看你。如果想进一步客观地评价自己，再请那些你最不喜欢的人列出你的优点，也就是让别人做你的镜子，利用别人给你的回馈，帮助你认识自己，评价自己。

第二步，你自己也拿出一张纸来，自己列出自己的优点。然后将自己列出的与别人列出的一一比较，便可能产生上表中列出的四种情况。

由"约哈里之窗"你也许会发现自己有许多优点，可别人并不知道，也可能出现别人认为你具备的优点，你自己反而不觉得，这样你可进一步了解自己。同样，你的缺点也可能有类似的情形。"约哈里之窗"让你了解和评价自己，要比从自我观察的材料中分析、评价自己更客观、准确、可靠。

情境模拟

A 童装公司是鑫鑫集团的一家全资子公司，今年年底集团公司的领导班子要进行调整。

人物1：小王，公司营销部经理，大学毕业进入公司，已经工作十年有余，深得领导赏识，渴望继续深造，在职攻读 MBA，已经连续 3 年报考，由于工作忙，均不能参加考试。今年考试的时间又临近了，如果再错过，以后可能就不会再考了。

人物2：刘总，竞争集团常务副总的有力竞争者。

小王的矛盾：想请假备考，又不好开口，因为是在刘总的提携下，一路成长起来的，今年是刘总的关键年，这时候离开，显得不够道义，不提出又觉得心不甘。

讨论：

（1）如果你是小王，你会怎么选择？

（2）你将如何实现自己的目标？

第三节　沟通主体的个性与沟通

每个人的性格不同，沟通的习惯及沟通中常会出现的弱点也不尽相同。

因此，为了提前做好沟通的准备，每位沟通者还应该了解自己属于哪一种性格类型，了解自身的个性特征，以及沟通中应该注意的问题。

心理学上通常把个性特征分为四种类型，即胆汁质、粘液质、多血质、抑郁质，如表2.2所示。不同类型的人对同样的事情，反应大不相同。举一个简单的例子：如果这四种类型的人看到有栋住房起火了，他们通常会做出以下反应：

- 粘液质的人会思考：是什么原因起火了，是电线短路还是厨房着火？
- 胆汁质的人会行动：关掉电闸，找到灭火器，马上去灭火！
- 多血质的人会大叫：楼上楼下大叫："不得了啦，起火了!"
- 抑郁质的人会旁观：反正有人会报警，消防队马上会到，不用那么急吧。

表2.2　个性分析表

性格分类	优点	缺点
胆汁质力量型	精力充沛、反应迅速、态度直率，能以极大的热情投入工作；有较高的主动性	往往比较粗心，自制力较差，容易感情用事。一旦失去信心，情绪就会低落下来
粘液质完美型	性情沉静，动作缓慢，有良好的自制力，遇事能沉住气，能克制自己的情绪，不易激动，不易发脾气，也不易流露感情	过于拘谨，不善于随机应变，常常墨守成规，故步自封
多血质活泼型	活泼好动，反应迅速，动作敏捷、灵活，善于交际，工作学习上富有精力而效率高，精神愉快，朝气蓬勃，容易适应新环境，有高度的可塑性，能较好地与人相处	情绪不够稳定，易于浮躁，对平淡和琐碎的事务缺乏耐心，考虑问题也显得不够细致
抑郁质和平型	感觉敏锐、体验深刻、富有想象力，这类气质的人具有高度的情绪易感性，体验有力而持久	易受到伤害；性情孤僻，动作呆板，多愁善感，挫折承受力、主动性和耐受性差；情感体验的方式较少，在行动上表现迟疑、忸怩，羞涩，怯懦

人们通过自我性格测试，了解自己的性格类型及其优缺点后，可以对照表2.3，提出在沟通中应该事先准备的策略。

表2.3　个性与沟通主体策略对照表

性格分类	行为特点分析		生气表现	沟通主体策略
胆汁质 力量型 孙悟空	擅长："做" 优点：善于管理、主动积极 弱点：缺乏耐心、感觉迟钝 反感：优柔寡断 追求：工作效率、支配地位 担心：被驱动、强迫 动机：获胜、成功		会毁灭一切	牢记：缓和情绪 学会放松自己的情绪 耐心、低调 减低对别人的压力 请别人协助，而不是生硬地 支配别人 停止争论，学会道歉
粘液质 完美型 唐僧	擅长："想" 优点：做事讲求条理、善于分析 弱点：完美主义、过于苛刻 反感：盲目行事 追求：精细准确、一丝不苟 担心：批评与非议 动机：进步		一个人伤心	牢记：寻找快乐 不要自找麻烦 关注积极面 不要花太多时间做计划 放宽对别人的要求
多血质 活泼型 猪八戒	擅长："说" 优点：善于劝导，重视人际关系 弱点：缺乏条理，粗心大意 反感：循规蹈矩 追求：广受欢迎与喝彩 担心：失去声望 动机：别人的认同		几天就好了	牢记：统筹兼顾 关注他人的兴趣，记住别人 的名字 学会聆听，少说一半 做好计划，并切实执行
抑郁质 和平型 沙僧	擅长："听" 优点：恪尽职守、善于倾听 弱点：过于敏感、缺乏主见 反感：感觉迟钝 追求：被人接受、生活稳定 担心：突然的变革 动机：团结、归属感		别人不知道	牢记：果断振奋 尝试新鲜事物 尽量获得热情 学会说出自己的感受 要有主见，学会拒绝 开始行动

主体沟通案例分析：王总的沟通困扰

> 2006 年 12 月，作为分管 A 公司生产经营副总经理的王林，得知一较大工程项目即将进行招标，由于采取向总经理电话形式简单汇报未能得到明确答复，使王林误以为被默认，而在情急之下便组织业务小组投入相关时间和经费跟踪该项目，最终因准备不充分而成为泡影。
>
> 事后，在总经理办公会上陈述有关情况时，总经理认为王林"汇报不详，擅自决策，组织资源运用不当"，并当着部门面给予王林严厉批评，王林反驳认为是"已经汇报、领导重视不够、故意刁难，是由于逃避责任所致"。
>
> 由于双方信息传递、角色定位、有效沟通、团队配合、认知角度等存在意见分歧，致使企业内部人际关系紧张、工作被动，恶性循环，公司业务难以稳定发展。

从这个案例我们看出，一个错误交流给人们心灵和组织带来的是巨大伤害和损失，而有效的交流沟通可以实现信息的准确传递，达到与其他人建立良好的人际关系、借助外界的力量和信息解决问题的目的。因此，组织成员在工作中必须掌握好有效的沟通技巧和沟通策略，以适应不同的人和不同的情境，为企业发展续写新生。

1. 副总经理王林的主体沟通障碍

从个性上来说，案例中的副总经理王林是一个胆汁质的人，他精力充沛，敢作敢为，且具有敏锐的市场敏感度，由于以前工作的成功经验，自认为具备了一定的创新能力和影响力。但是由于角色转换，新任分管领导，缺少一定的管理经验和沟通技巧，最终导致了总经理对王林的偏见认识，分析原因有三：

第一，王林忽略了信息组织原则，在得知企业有一个很大机会的时候，王林过于自信和重视成绩，在掌握对方信息不足及总经理反馈信息不足的情况下盲目决策，扩大自己的管理幅度，并没有有效地对人力资源信息进行合理分析，发挥企业最强的竞争优势，致使准备不充分谈判失败。

第二，王林忽视了正确定位原则，作为分管副总经理，没有努力地去争取上级总经理的全力支持，仅凭自己的主观和经验，而没有采取合理有效的分析，拿出具体的实施方案获得沟通批准，使总经理误以为抢功心切，有越权之嫌疑。

第三，王林没有运用好沟通管道。事后对结果没有与总经理提前进行面对面及时有效沟通和总结，而是直接在总经理会议上表达自己的想法，造成总经理在不知情的情况下产生误会，慢慢地通过领导者的影响力导致了企业内部的关系紧张。

第四，王林缺少组织团队意识。公司是一个团队，而王林的小部门成员只是一个工作组，当王林获得了一个给企业创造利润的机会时，没有发挥团队协作精神，利用公司最有效资源，也没有让员工有一个明确的团队目标，就凭着干劲去工作。这样一来，不但没给企业带来好的绩效，而且损伤了下属的工作积极性。

2. 总经理的主体沟通障碍

该事件的另一主体——总经理作为决策者的身份也犯了一些严重的沟通错误，导致了企业的凝聚力下降，企业经营业绩不佳。主要表现有：

第一，总经理缺乏同理心倾听。沟通是双方面的，当王林给总经理电话汇报工作方向信息时，总经理没有核查对其所传达信息的理解，也没有积极地回应，让王林以为默认，于是做出不正确判断。事后，王林给总经理陈述想法时，总经理也没有认真从王林的角度去倾听他的工作思路，只是主观地认为是王林的过失。导致后来把这种负面情绪带到整个组织中。

第二，总经理缺少对下属员工的理解和信任。沟通的有效性又一次遭到破坏。如果我们双方都处在一个公平的位置进行沟通，总经理就不会当着下级部门对王林进行严厉批评，挫伤其自尊和积极性。这样彼此之间就会在整个沟通过程中保持坦诚，并以换位思考的方式把自己放在对方的位置上，并且总经理宽容王林的这次过失，以鼓励他在以后的工作中吸取教训，更努力地工作。

第三，总经理缺少建立有效团队的技巧。通过总经理办公会争执后，企业的小领导班子里引起了小小的波浪，但是总经理没有及时地采取适当方法去构建和谐团队，对整个事情引以为鉴，做出更好的企业在传递信息方面的有效机制，而是听之任之，不和下属员工交流，使事态进一步扩大。

3. 改进计划

沟通也是一个互动的过程，实现有效沟通需要沟通双方共同努力。基于上述事件的分析，笔者认为，沟通双方可以在以下几个方面做出改进。

（1）副总经理王林应做出的改进：

第一，在沟通前做好信息准备工作。这些信息包括电话汇报、详实的书面汇报、经营分析、因素分析、可行性分析、经费分析、总结分析等报告，做到有备而战。

第二，改进和完善沟通方式。除电话请示汇报外，可以采取面对面或者进一步的书面分析汇报材料，供于决策及反馈；作为下级，应事先及时与总经理对投标失误进行沟通，争取理解，而不该在办公会上让双方下不了台。

第三，自我认知度的加强。由于公司是一个整体，要及时进行角色的换位思考，从总经理角度去想每件事的正确与否，及时调整自己的位置做出相应的工作对策，同时由于角色转换，而不应过分依赖以往成就，而更多的是应该以创新方式从对方的心态去尝试配合好总经理工作。

（2）总经理应做出的改进：

第一，培养充分有效的授权艺术。作为总经理，日理万机，应尽可能地掌握好授权艺术，充分发挥领导班子整体功能，而不应该权力过于集中，明知信息情况下，却忘记决策指导，使下属难以充分发挥自己的智慧和领导能力。

第二，加强对下属宽容，减少指责的心态培养。作为主管领导，应对事不对人，不能在下属已经犯错误或者失误的情况下，再去过于指责，导致人心涣散，影响团队稳定性和团队效应的发挥。

第三，同理心倾听技巧的培养。作为领导，不能过于看重自己的权力，让员工在惧怕或者防备的状态中去工作，而更多的是从对方的心理去分析倾听来自不同方面的建议，以便更好地改进工作和机制。

第四，加强解决问题和决策能力的培养。对于企业内部出现的各种矛盾问题，要通过不同的手段和方式去化解矛盾，同时要学会果断和科学决策意识，促进企业全面健康发展。

课后练习

写出一次令你印象深刻的沟通障碍的案例，深入剖析其原因，并尽量找出解决方案。

模板：沟通计划表

制定详细的沟通辅助工作表。在沟通中，除了当事人之外，通常还会涉及其他的小物品或应注意的小细节，这些细微的工作同样需要事先做好准备。以下是应该考虑到的辅助工作明细表。

有效沟通辅助工作明细表

项目	具体细节
地点	选择的地点合适吗？
	地点需要预订吗？
	需要通知参与人员吗？
设备	是否需要投影仪、小册子或其他的小物品？
	参与人员要做记录吗？
	需要准备饮料和点心吗？
时间	大概要进行多长时间？
	具体定在什么时间？
	能保证中途不被打扰吗？
书写工作	是否已经查阅过所有相关的书写资料？
	拿到了所有相关文件吗？
	需要做记录吗？

续表

项目	具体细节
关于自己	正如确认别的资源已经到位一样，你也要保证自身的准备工作已经做好。
	迟到或衣冠不整等于告诉所有在场人员，你连最起码的准时也未能做到，那么你说的话又能有多大的影响呢？
	由以上原因引起的任何急躁、疑惑或压力都会分散你的注意力。
	力争提前五分钟到场并检查一下相关的各个细节，稍微放松一下你自己。

测试：自我气质性格测试

自我气质性格测试

题目	很符合	比较符合	不确定	比较不符合	完全不符合
1. 做事力求稳妥，一般不做无把握的事					
2. 遇到生气的事就怒不可遏，心里面藏不住话					
3. 宁可一个人做事，也不愿与很多人一起去做					
4. 到一个新的环境中能很快适应					
5. 厌恶强烈的刺激					
6. 和人争吵时总是先发制人，喜欢挑衅					
7. 喜欢安静的环境					
8. 善于和人交往					
9. 羡慕那种善于克制自己感情的人					
10. 生活有规律，很少违反作息制度					
11. 在多数情况下情绪是乐观的					
12. 碰到陌生人觉得很拘束					
13. 遇到令人气愤的事，总是能很好地克制自己					
14. 做事总是有旺盛的精力					
15. 举棋不定，优柔寡断					
16. 在人群中觉得很自在					

续表

题目	很符合	比较符合	不确定	比较不符合	完全不符合
17. 情绪高昂时，觉得什么都有趣；低落时，觉得什么都没有意思					
18. 当注意力集中于某事时，别的事物很难使我分心					
19. 理解问题比一般人快					
20. 在危险情况下有一种极度的恐惧感					
21. 对学习、工作怀有很高的热情					
22. 能长时间做枯燥、单调的工作					
23. 只有在感兴趣时才会干劲十足					
24. 一点小事就能引起情绪波动					
25. 讨厌做那些琐碎细致的工作					
26. 与人交往不卑不亢					
27. 喜欢热闹					
28. 爱看感情细腻、描写人物内心活动的文艺作品					
29. 工作学习时间长了，常会感到厌倦					
30. 不喜欢长时间讨论思索，更愿意实际动手尝试					
31. 宁愿侃侃而谈，不愿窃窃私语					
32. 给别人闷闷不乐的印象					
33. 理解问题比别人慢半拍					
34. 疲倦时只需要短暂的休息就能恢复精力，重新投入工作					
35. 心里有话不愿说出来					
36. 认准一个目标就希望尽快实现，不达目的誓不罢休					
37. 学习、工作同样一段时间，常比别人更感疲倦					
38. 做事有些莽撞，常常不顾后果					
39. 在别人讲授新知识、新技术时，总希望讲得慢一些					
40. 能够很快就忘掉那些不愉快的事					
41. 完成一件工作总要比别人花费更多的时间					
42. 喜欢大运动量的体育活动					

续表

题目	很符合	比较符合	不确定	比较不符合	完全不符合
43. 不能很快地把注意力从一件事情转移到另一件事情上去					
44. 总希望把任务尽快完成					
45. 更倾向于墨守成规，而不是冒险					
46. 能够同时注意几件事情					
47. 当烦闷时，别人很难帮上忙					
48. 爱看情节起伏跌宕、激动人心的小说					
49. 对工作抱认真严谨始终一贯的态度					
50. 和周围人的关系总是不协调					
51. 喜欢做熟悉的工作					
52. 希望做变化大、花样多的工作					
53. 小时候会背的诗歌，仍然记得很清楚					
54. 别人觉得我"出语伤人、不会说话"，可我并不觉得如此					
55. 在体育活动中常因反应慢而落后					
56. 反应敏捷，头脑机智					
57. 喜欢有条有理的工作					
58. 兴奋的事常使我失眠					
59. 接受新概念会慢一些，但一旦理解了就很难忘记					
60. 假如工作枯燥无味，马上就会情绪低落					

性格气质测试答案及说明：

● "多血质——活泼型"题目包括：4、8、11、16、19、23、25、29、34、40、44、46、52、56、60题；

● "胆汁质——力量型"题目包括：2、6、9、14、17、21、27、31、36、38、42、48、50、54、58题；

● "粘液质——完美型"题目包括：1、7、10、13、18、22、26、30、33、39、43、45、49、55、57题；

● "抑郁质——和平型"题目包括：3、5、12、15、20、24、28、32、

35、37、41、47、51、53、59 题。

符合自己情况的，记 2 分；比较符合的，记 1 分；不确定的，记 0 分；比较不符合的，记 1 分；完全不符合的，记 2 分。请将各项分数相加，得到 4 个气质分数。

如果某项得分超过 20 分，则为典型的该气质类型。如多血质的分超过 20 分，则为典型的"多血质"类型。如果某项得分在 20 分以下、10 分以上，其他各项得分较低，则为该气质的普通型；如果各项得分均在 10 分以下，但某项得分较其他高（相差 5 分以上），则略倾向于该气质。一般来说，正分越高，表明该气质特征越明显；负分越大，表明越不具备该气质类型的特点。

在实际生活中，大多数人的气质都表现出混合型的特点，即多数人都是混合型气质，接近于某种类型，同时兼有其他一两种气质类型的某些特点。气质作为职业决策需要考虑的心理因素之一，可以使个人更好地适应工作，提高效率；但气质并不是决定职业适应和成功的主要因素，它只具有一定的辅助作用。

测试：性格色彩测试

性格色彩测试

1. 关于人生观，我的内心其实是： A. 希望能够有尽量多的人生体验，所以会有非常多样化的想法。 B. 在小心合理的基础上，谨慎确定目标，一旦确定会坚定不移地去做。 C. 更加注重的是取得一切有可能的成就。 D. 宁愿剔除风险而享受平静的现状。	2. 如果爬山旅游，在下山回来的路线选择上，我更在乎： A. 好玩有趣，所以宁愿新路线回家。 B. 安全稳妥，所以宁愿原路线返回。 C. 挑战困难，所以宁愿新路线回家。 D. 方便省心，所以宁愿原路线返回。

3. 通常在表达一件事情上，我更看重： A. 说话给对方感受到的强烈印象。 B. 说话表述的准确程度。 C. 说话所能达到的最终目标。 D. 说话后周围的人际感受是否舒服。	4. 在生命的大多数时候，我的内心其实更加欣喜于和希望多些： A. 刺激。 B. 安全。 C. 挑战。 D. 稳定。
5. 我认为自己在情感上的基本特点是： A. 情绪多变，经常波动。 B. 外表上自我抑制能力强。 C. 感情不拖泥带水，较为直接，只是一旦不稳定，容易激动和发怒。 D. 天生情绪四平八稳。	6. 我认为自己在整个人生中，除了工作以外，在控制欲上面，我： A. 没有控制欲，只有感染带动他人的欲望，但自控能力不算强。 B. 用规则来保持我对他人的要求。 C. 内心是有控制欲和希望别人服从我的。 D. 不会有任何兴趣去影响别人，也不愿意别人来管控我。
7. 当与情人交往时，我的强项是： A. 兴趣上的相容性，毫不掩饰对他的爱意。 B. 思想上的相容性，对他的需求非常敏感。 C. 智慧上的相容性，能帮助对方共同成长。 D. 和谐上的相容性，能包容理解另一半的不同观点。	8. 在人际交往时，我： A. 心态开放，可以快速建立起友谊和人际关系。 B. 非常审慎缓慢地进入，一旦认为是朋友，便长久地维持。 C. 希望在人际关系中占据主导地位。 D. 顺其自然，不温不火，相对被动。
9. 我认为自己大多数时候更是： A. 感情丰富的人。 B. 思路清晰的人。 C. 办事麻利的人。 D. 心态平静的人。	10. 通常我完成任务的方式是： A. 经常会赶在最后期限前完成。 B. 自己做，精确地做，不要麻烦别人。 C. 先做，快速做。 D. 使用传统的方法，需要时从他人处得到帮忙。

11. 如果有人深深惹恼我时，我： A. 内心感到受伤，认为没有原谅的可能，可最终很多时候还是会原谅对方。 B. 感到愤怒，如此之深不会忘记，同时未来完全避开那个家伙。 C. 会气愤不已，并且内心期望会有机会狠狠地回应打击。 D. 避免摊牌，因为还不到那个地步，那个人多行不义必自毙，或者自己再去找新朋友。	12. 在人际关系中，我最在意的是： A. 得到他人的赞美和欢迎。 B. 得到他人的理解和欣赏。 C. 得到他人的感激和尊敬。 D. 得到他人的尊重和接纳。
13. 在工作上，我表现出来更多的是： A. 充满热忱，有很多想法且很有灵性。 B. 心思细腻，完善精确而且为人可靠。 C. 坚强而直截了当，而且有推动力。 D. 有耐心，适应性强而且善于协调。	14. 我过往的老师最有可能对我的评价是： A. 善于表达和抒发情感。 B. 严格保护自己的私密，有时会显得孤独和不合群。 C. 动作敏捷又独立，并且喜欢自己做事情。 D. 看起来安稳轻松，比较温和。
15. 朋友对我的评价最有可能的是： A. 喜欢对朋友诉说事情，也有能量说服别人去做事。 B. 能够提出很多周全的问题，而且需要许多精细的解说。 C. 愿意直言表达想法，有时会直率而犀利地谈论不喜欢的人、事、物。 D. 通常与他人一起时是多听少说。	16. 在帮助他人的问题上，我倾向于： A. 多一事不如少一事，但若他来找我，那我定会帮他。 B. 值得帮助的人应该帮助，锦上添花犹胜雪中送炭。 C. 无关者何必要帮，但我若承诺，必欲完之而后释然。 D. 虽无英雄打虎之胆，却有自告奋勇之心。
17. 面对他人对自己的赞美，我的本能反应是： A. 没有也无所谓，特别欣喜那也不至于。 B. 我不需要那些无关痛痒的赞美，宁可他们欣赏我的能力。 C. 有点怀疑对方是否认真或者立即回避众人的关注。 D. 赞美总是一件令人心情非常愉悦的事。	18. 面对生活的现状，我的行为习惯更加倾向于： A. 外面怎么变化与我无关，我觉得自己这样还不错。 B. 这个世界如果我没什么进步，别人就会进步，所以我需要不停地前进。 C. 在所有的问题未发生之前，就应该尽量想好所有的可能性。 D. 每天的生活开心快乐最重要。

19. 对于日常规则，我内心的态度是： A. 不愿违反规则，但可能因为松散而无法达到规则的要求。 B. 打破规则，希望由自己来制定规则，而不愿遵守规则。 C. 严格遵守规则，并且竭尽全力做到规则内的最好。 D. 不喜被规则束缚，不按规则出牌会觉得新鲜有趣。	20. 我认为自己在行为规则上最重要的特点是： A. 慢条斯理，办事按部就班，能与周围的人协调一致。 B. 目标明确，集中精力为实现目标而努力，善于抓住核心要点。 C. 慎重小心，为做好预防及善后，会不惜一切而尽心操劳。 D. 思维活跃，不喜欢制度和约束，倾向于快速反应。
21. 在面对压力时，我比较倾向于选用： A. 眼不见为净地化解压力。 B. 压力越大抵抗力越大。 C. 和别人讲也不一定有用，压力在自己内心慢慢地"咀嚼"。 D. 本能地回避压力，回避不掉就用各种方法排解，宣泄出去。	22. 当结束一段刻骨铭心的感情时，我会： A. 非常难受，可是日子总要过，时间会冲淡一切的。 B. 虽然觉得受伤，但一旦下定决心，就会努力把过去的影子甩掉。 C. 深陷在悲伤的情绪中，在相当长的时期里难以自拔，也不愿意再接受新的人。 D. 痛不欲生，需要找朋友倾诉或者找渠道发泄，寻求化解之道。
23. 面对朋友的倾诉，我回顾自己大多数时候本能上倾向于： A. 认同并理解对方感受。 B. 做出一些定论或判断。 C. 给予一些分析或推理。 D. 发表一些评论或意见。	24. 我在以下哪种情况较感满足？ A. 能心平气和最终大家达成一致结论。 B. 能彼此展开充分激烈的辩论。 C. 能详细讨论事情的好坏和影响。 D. 能随意无拘束地自由谈论，同时又很开心。
25. 在内心的真实想法里，我觉得工作： A. 如果不必有压力，可以让我做我熟悉的工作那就不错。 B. 应该以最快的速度完成，且争取去完成更多的任务。 C. 要么不做，要做就做到最好。 D. 如果将乐趣融合在里面那就太棒了，不过对于不喜欢的工作实在没干劲。	26. 如果我是领导，内心更希望在部属心目中，我是： A. 可以亲近和善于为他们着想的。 B. 有很强的能力和富有领导力。 C. 公平公正且足以信赖的。 D. 被他们喜欢并且觉得富有感召力的。

续表

27. 我希望得到的认同方式是： A. 无所谓别人是否认同。 B. 精英群体的认同最重要。 C. 只要我在乎的人认同就可以了。 D. 希望得到尽量多大众的认同。	28. 当我还是一个孩子的时候，我： A. 不太会积极尝试新事物，通常比较喜欢旧有的和熟悉的。 B. 是孩子王，大家经常听我的决定。 C. 见生人害羞，有意识地回避。 D. 调皮可爱，在大部分的情况下是乐观而又热心的。
29. 如果我是父母，我也许是： A. 不愿干涉子女或者容易被说动的。 B. 严厉的或者给予方向性指点的。 C. 用行为代替语言来表示关爱或者高要求的。 D. 愿意陪伴孩子一起玩，孩子的朋友们所欢迎的。	30. 以下有四组格言，哪组里符合我感觉的数目最多？ A. 最深刻的真理是最简单和最平凡的。要在人世间取得成功必须大智若愚。知足是人生在世最大的幸福。 B. 走自己的路，让人家去说吧。虽然世界充满了苦难，但是苦难是能够战胜的。有所成就是人生真正的乐趣。 C. 一个不注意小事情的人，永远不会成功大事业。理性是灵魂中最高贵的因素。谨慎比大胆要有力量得多。 D 幸福不在于拥有金钱，而在于获得成就时的喜悦和对生活的激情。任何时候真实地对待你自己，这比什么都重要。使生活变成幻想，再把幻想化为现实。

统计前 15 题中选择 A、B、C、D 的数目：A（ ），B（ ），C（ ），D（ ）。

后 15 题中选择 A、B、C、D 的数目：A（ ），B（ ），C（ ），D（ ）。

计算：

红色性格：前 15 题中 A + 后 15 题中 D 的总数（ ）。

蓝色性格：前 15 题中 B + 后 15 题中 C 的总数（ ）。

黄色性格：前 15 题中 C + 后 15 题中 B 的总数（ ）。

绿色性格：前 15 题中 D + 后 15 题中 A 的总数（ ）。

测试：MBTI 风格测试

资料来源：D. Marcicand P. Nutt，Personality Inventory，Organizational Behavior：Experiences and Cases（SLPaul：West，1989），http：//www. recruit – china. com/Career/MBTI.
测试部分：请就下列题目进行单项选择，选择更能体现自身特点的项目。

1. 我宁愿（　）。
   A. 解决一个新的、复杂的问题
   B. 做我以前做过的事

2. 我喜欢（　）。
   A. 独自在一个安静的环境中工作
   B. 处于活动现场

3. 我希望有个老板（　）。
   A. 在决策时建立标准并遵照标准行事
   B. 考虑下属特殊需要

4. 当我在做一个项目时，我（　）。
   A. 喜欢完成和了结这一项目
   B. 常常将它悬在那儿，等待可能出现的变化

5. 做决策时，最重要的考虑因素是（　）。
   A. 合理的思考、想法和各种资料
   B. 情感和价值观因素

6. 对于某一事项，我倾向于（　）。
   A. 在决定如何做之前一遍又一遍地仔细考虑
   B. 马上着手开始工作，边做边思考

7. 在做一个项目时，我喜欢（　）。
   A. 尽可能地按照管理要求去做
   B. 尝试各种可能的选择

8. 在我的工作中，我喜欢（ ）。
   A. 在同一时间内做多项工作，对每项工作都尽可能多地学习
   B. 选择一项有挑战性并且可以使我很忙碌的工作

9. 我经常（ ）。
   A. 列表格、做计划，明确何时做何事，尽量不改变原定计划
   B. 避免做计划，让事项边进行边工作

10. 在与同事讨论问题时，我常常很容易就（ ）。
    A. 看到"全貌"
    B. 抓住细节

11. 当电话或手机铃响起来时，我通常（ ）。
    A. 认为是一次干扰
    B. 不觉得麻烦

12. 下面哪个词更适合你，（ ）？
    A. 分析的
    B. 情感主导的

13. 做作业时，我倾向于（ ）。
    A. 稳定而连续地工作
    B. 突击性地、时有间断地工作

14. 当听到别人谈论某个话题时，我通常试图（ ）。
    A. 把它套在自己的工作上，看看是否适用于自己
    B. 评价和分析这一信息

15. 有了新想法时，我一般（ ）。
    A. 马上开始行动
    B. 喜欢再对这一想法多做一些思考

16. 做一个项目时，我喜欢（ ）。
    A. 缩小范围，以便给出含义清楚、界限清晰的定义
    B. 扩大范围，把相关问题也一并考虑进去

17. 阅读时，我通常（ ）。
    A. 将思路集中在所读的内容上面
    B. 读出言外之意，并产生其他联想

18. 当必须马上做出决策时，我经常（　）。
　　A. 觉得不舒服，希望自己能掌握更多的信息
　　B. 可能根据已掌握的信息做出决策

19. 参加会议时，我倾向于（　）。
　　A. 一边发言，一边组织自己的思想
　　B. 对问题通盘考虑之后才发言

20. 在工作中，我一般把大量时间花在下列哪类问题上？（　）。
　　A. 想法
　　B. 人员

21. 在会议中，我最容易被下列哪些人惹恼？（　）。
　　A. 提出许多含糊粗略的想法
　　B. 提出许多实际操作细节，因而导致会议时间延长

22. 我是一个（　）。
　　A. 早起的人
　　B. 夜猫子

23. 在准备一个会议时，我是哪种风格的人？（　）。
　　A. 我乐意加入，并喜欢做出积极反应
　　B. 我喜欢充分准备，且通常先将会议内容列出提纲

24. 在会议中，我喜欢别人（　）。
　　A. 显示出更丰富的情绪
　　B. 集中于会议任务

25. 我更喜欢在这样的企业工作：（　）。
　　A. 我的工作可以激发智慧
　　B. 我认可它的目标和使命

26. 在周末，我通常（　）。
　　A. 计划一下该做什么
　　B. 一边过日子一边决策，看看会发生什么

27. 我更加（　）。
　　A. 喜交往
　　B. 爱沉思

续表

28. 我更喜欢为这样的老板工作：（ ）。
  A. 充满新想法
  B. 现实的	

29. （ ）是对我更有吸引力的词。
  A. 社交的
  B. 理论的	

30. （ ）是对我更有吸引力的词。
  A. 独创性
  B. 实践性	

31. （ ）是对我更有吸引力的词。
  A. 有组织的
  B. 能适应的	

32. （ ）是对我更有吸引力的词。
  A. 活跃的
  B. 专心的	

评分部分：每题计 1 分，请按下述列表数完分数后，分别在以下四组中圈出得分较高的那一项，最后合成自己的 MBTI 类型：①I 项与 E 项；②S 项与 N 项；③T 项与 F 项；④J 项与 P 项。

I 项得分	E 项得分	S 项得分	N 项得分
2A	2B	1B	1A
6A	6B	10B	10A
11A	11B	13A	13B
15B	15A	16A	16B
19B	19A	17A	17B
22A	22B	21A	21B
27B	27A	28B	28A
32B	32A	30B	30A
T 项得分	F 项得分	J 项得分	P 项得分

3A	3B	4A	4B
5A	5B	7A	7B
12A	12B	8B	8A
14B	14A	9A	9B
20A	20B	18B	18A
24B	24A	23B	23A
25A	25B	26A	26B
29B	29A	31A	31B

第三章　管理沟通的客体

知己知彼，百战不殆；不知彼而知己，一胜一负；不知彼，不知己，每战必殆。

——《孙子兵法》

第一节　他/她是谁——沟通客体的地位分析

一、上司

与上级沟通是否有效，不仅会影响到工作的绩效，更会影响到个体的职业生涯发展。上行沟通是指下级向上级表达意见和态度的沟通方式，如下级向上级定期或不定期地汇报工作、反映情况和问题等，都属上行沟通。

在企业管理的实践中，人们发现，能够得到重用和提拔的经理人，往往不一定是企业中最能干的人，但却一定是最能得到上级领导信任的人。与上级进行沟通，实现"我办事，你放心"，才能得到上级的信任和重用。

1. 尊重上司的权威

领导要有威信，没有威信，就不能实行真正的领导。领导者的威信，当然主要源自他的人格魅力，但下级对他的尊重，也是提升其威信的一个重要方面。

有的下属经常自以为比别人聪明，在与上司的沟通中，自觉或不自觉地流露出某种优越感，动辄与上司称兄道弟，或随便揭露他的短处，让上司感到很没面子，这种上行沟通效果之差可想而知。

"同人不同命，成败皆沟通"——朱元璋和他的儿时伙伴

朱元璋做了皇帝以后，一天，他儿时的一个伙伴来京求见。朱元璋很想见见他的老朋友，可又怕他讲出一些以前一些不大光彩的事情，犹豫再三，还是使人传了进来。那人一进大殿就大礼下拜，高呼万岁，说："我主万岁，当年微臣随驾扫荡庐州府，打破罐州城。汤元帅在逃，拿住豆将军，红孩子当兵，多亏蔡将军。"朱元璋听完他的这番话，心里非常高兴，重重地封赏了这位老朋友。

消息传出，另一个当年一块放牛的伙伴也找上门来了，见到朱元璋，激动万分，指手画脚地在金殿上说道："万岁，你不记得吗？那时候咱俩都给人放牛，有一次，我们在芦苇荡里，把偷来的豆子放在瓦罐里煮着吃，还没等煮熟，大家就抢着吃，把罐子都打破了，撒下一地的豆子，汤也泼在泥地里，你只顾从地下抓豆子吃，结果把红草根卡在喉咙里，还是我的主意，叫你将一把青菜吞下，才把那红草根带进肚子里。"当着文武百官的面，这番描述让朱元璋又气又恼，哭笑不得，只好喝令左右把他拉出去斩了。

从上面这则简单的小故事中，我们能了解到与上级沟通时需要注意的问题。

我们来看一下，为什么同样是朱元璋的朋友，同样有着一段艰苦的共同经历，同样打算以"怀旧"的方式来唤起朱元璋昔日的感情，甚至于两个穷朋友所叙内容实际上也是一回事。为何结局却大相径庭呢？一个被杀，一个却做了将军。俗话说，"怎么说远远比说什么更加重要"，第一位穷朋友是怎么成功进行上行沟通的呢？

首先，第一位穷朋友了解自己的沟通目标。此次沟通绝不能惹恼了朱皇帝（上级）。他知道，生死富贵都悬于自己的舌尖，因此说什么、怎么说都得谨慎小心。

其次，第一位穷朋友了解自己的沟通对象。他察言观色，牢牢把握住了双方的特定关系，昔日的穷朋友如今是君臣关系了，他以"微臣"自称，而以"陛下"称朱元璋，把角色的关系做了明显的定位，极大地满足了朱元璋的虚荣心，这样就造成了心理相容的效应，融洽了双方的感情。

最后，第一位穷朋友看得清场合。金銮殿上，他把朱元璋小时割草抢吃被卡的轶事，用一种奇特的"隐语"表达出来，把小时候割草说成"南征北战"，把割草说成砍"草头王"，把朱元璋抢吃说成"冲锋在前"，把打破瓦罐说成打破"罐州城"，把罐破汤流说成逃走了"汤元帅"，把逮住豆子说成逮住了"豆将军"，把草根子卡在喉咙口说成遇着"草霸王"挡住了"咽喉要道"……这在朱皇帝这位局内人听来是彼此心照不宣，但在局外人听来完全是在描述朱元璋当年金戈铁马的戎马生涯，在文武大臣面前为朱皇帝挣了面子，对这位开明代基业的"马上皇帝"来说，无疑是一剂极有效的"兴奋剂"。

我们看得出第一位穷朋友，巧妙地回顾了往事，不仅保全了皇帝的面子，还正面美化、赞颂了皇帝当年的英武形象，不仅沟通效果好，让上级领导朱皇帝大为满意，也为自己的职业生涯做好了铺垫。

让我们再来看朱元璋第二位穷朋友的死。

首先，他的悲惨命运与他同皇帝（上级领导）的说话方式不当有很大的关系。如我们在前面章节中学习到的，要想获得理想的沟通效果，就要了解沟通对象，在把握自我因素的基础上，把握住沟通双方的特定关系，以便在信息的发送与反馈中调整好语言形式，从而达到沟通的目的。而第二位穷朋友显然没有顾及朱元璋此时地位、身份的变化：他已是高高在上的皇帝了，儿时相濡以沫的平等的朋友关系，如今变成了君臣关系了。所用的称谓，本来应该体现这种关系，但他还是一口一个"你"，这怎么能不使朱皇帝生气呢？

其次，他没有尊重上级领导的心理和情绪。多数人都了解这样的一些老话：打人不打脸，说话莫揭短。在与上级沟通时，就更要注意这一点了。因为这不仅关乎上级的面子，也关乎上级的威信。这位穷朋友不了解朱元璋当皇帝的心理，他这时至高无上，自尊的心理也随之升级。这位穷朋友却把少年时的旧事，不加修饰地和盘托出，把朱元璋的老底都兜出来了。对于古代皇帝来说，出身低微是一件很不光彩的事，而这个人的一番话，正好戳到他的痛处，伤害了他的自尊，有不少揭短的嫌疑，这就难怪朱皇帝（上级领导）在颜面扫地后，恼羞成怒，将他处死。

最后，第二位朋友采用的沟通方式是大白话，私下里开个玩笑，说说便罢了。上了金銮殿，还当着文武百官的面，这种场合是何等正式！可他依然我行我素，不管不顾地说一口"村俗俚语"式的大白话，这种语体显然不适宜在这种场合下运用。这种村俗俚语式的语言，与金銮殿的气氛相比，形成了极大的反差，显得严肃不足，滑稽有余，客观上觉得是在戏弄皇帝似的。

正如我们在前面章节学到的一样，要想沟通有效，既要了解自己的沟通目标，了解沟通的对象及其性格，还要明确沟通的场合、环境。也许第二位穷朋友，他心里想着靠套近乎得些金银财宝，捞上个一官半职，但是他不分场合、不分处境、不分身份地乱说话，正是孔子说的"未见颜色而言之"，这种没眼色的人，沟通的结果，非但不能实现自己的沟通目标，甚至会产生许多难以预见的祸端。

现代企业中的上行沟通也与此类似，尤其是公开场合的上行沟通，要处处为上级领导利益着想，积极维护上级领导的尊严和面子，这是上行沟通的首要原则。

2. 恪尽职守不越位

作为一名下属，最主要的任务就是服从上级，并且执行有力。如果希望获得上司的欣赏，下属就一定要学会尊重上司的决定，而且执行有力。不管职位多高，下属都不能忘记自己的工作是协助上级领导完成决策，而不是制定决策。因此，上级领导的决定，即使不尽如你意，甚至和自己的意见完全相悖时，也得马上去执行。

上级领导的命令或决定有问题，下属去执行了，即使做错了，领导也不一定会责怪你；但反过来情形就不一样了，如果下属没有按照领导的指示去做，即使做好了，也一定会让上级领导不满意。

请看下面的案例中，上级领导为什么生气了？换句话来说，下属哪里做错了？

李秘书哪里做错了？

● "糟了！糟了！"王经理放下电话，就叫了起来。"那家便宜的东西，根本不合规格，还是原来陈老板的好。"他狠狠捶了一下桌子，"可是，我怎么那么糊涂，写信把他臭骂一顿，还骂他是骗子，这下可闹僵了！"

● "是啊！"秘书李小姐转身站起来，"我那时候不是说吗？要您先冷静冷静再写信，您不听啊！"

● "都怪我在气头上，以为这小子一定骗了我，想多赚我的钱。"王经理来回踱着步子，指了指电话说，"把电话给我，我亲自打过去道歉！"

● 秘书一笑，走到王经理桌前，说："不用了！告诉您，那封信我根本没寄。"

● "没寄？"

● "对！"李小姐笑吟吟地说。

● "嗯……"王经理坐了下来，如释重负。停了半晌，又突然抬头说："可是我当时不是叫你立刻发出去吗？"

- "是啊！但我猜到您会后悔，所以压下了。"李小姐转过身，依然笑着说。
- "压了半个多月？"
- "对！您没想到吧？"
- "我是没想到。"王经理低下头去，翻记事本，"可是，我叫你发，你怎么能压？那么最近发南方的那几封信，你也压了？"
- "我没压。"李小姐高兴地说，"我知道什么该发，什么不该发。"
- "是你做主，还是我做主？"没想到王经理居然"霍"地站起来。
- 李小姐呆住了，眼眶一下就湿了。她颤抖着说："我，我做错了吗？"
- "你做错了！"王经理斩钉截铁地说。

我们可以看得出，一个自作主张的职员，哪怕有时是对的，也很难得到主管的欣赏。案例中的李秘书，自认为"我知道什么该发，什么不该发"，自作主张地去评判上级领导的各项决策。甚至在自己领导面前说："我那时候不是说吗？要您先冷静冷静再写信，您不听啊！"这种口吻是典型的下行沟通的语气，言语中不经意地流露出"自己比领导还要更高明，还要更有远见"的自负心态。

当局者迷，旁边者清。作为读者的我们，都看得出，李秘书已经犯了沟通的大忌。从一开始，王经理就已经被她的自作聪明触怒，而李秘书还不自知，领导的气愤情绪在升级，她依然自说自话，她的语言，伤害了领导的自尊心；她自作主张的行为，影响了领导决策的执行力。难怪王经理非常生气，斩钉截铁地说"你做错了！"

执行上级领导的决策，并不表示就是一个毫无主见的下属，也不表示将失去工作中的活力。下属表现在工作上的活力与冲劲，一定要符合上级领导的理想与要求。否则上司会认为你不够成熟，做事情不思考，自然也不敢把重要的工作交给你。上面的案例中，虽然李秘书按照自己的想法处理了信件，替公司挽回了损失，但是她不遵从上级领导的决定，没有统一的大局观念。如果公司员工都像她一样没有制度的约束，做什么事情都是各人随心所欲，用不了多长时间这个公司就会垮掉。

3. 有胆有识受器重

大部分领导都不会喜欢平庸无能的下属。通过上行沟通，让上司知道自己的工作能力与真才实学，对下属的职业生涯发展会有很大帮助。

所以，作为下属，不仅工作态度要认真，更重要的是要有良好的沟通能力，要争取让自己的才能得到上司的认可，受到上司的器重。比如，商界是个讲求效率的领域，如果你对上司持畏惧心理，事事谨小慎微，如履薄冰，那就很难与上司进行沟通。

通过沟通充分展示自己，让上司对你"刮目相看"，这样可以轻松打通你与上司之间良好关系的路径。

第一，工作态度认真，善于领会上司的意图，圆满完成上司交给的任务。能正确地领会并执行上司的意图，表明你是一个精明果断又值得信赖的下属，因而容易引起上司的好感。如果一件事情需要上司反复交代几次，直到最后明确说出他的意图时你才"茅塞顿开"，那么你给他的印象就不太妙了。只有你干出真实的成绩，又能施展自己的口才，在上司面前提一些改进工作程序的建议，才能让上司认为你是一个有能力的人。

第二，主动沟通，不卑不亢。对上司要做到有礼貌、谦逊。但是，绝不要采取"低三下四"的态度。绝大多数有见识的上司，对那种一味奉承、随声附和的人，是不会予以重视的。在保持独立人格的前提下，你应采取不卑不亢的态度。在必要的场合，你也不必害怕表示自己的不同观点，只要你是从工作出发，摆事实、讲道理，上司一般是会予以考虑的。很多人在上司面前表现得躲躲闪闪，生怕说错一句话。这样做会形成人际交流的恶性循环，把上司了解你的大门也同时关上了。作为下属，要积极主动地与上司交谈，渐渐地消除彼此间可能存在的隔阂，使上下级关系相处得正常、融洽，使上级逐渐了解到你的学识和能力。

第三，适度地展示自己尚未被发现的能力，但不要轻易对上司做口头许诺。在与上司的沟通过程中，要抓住机会，巧妙地把自己的所长充分展示出来，取得上司的认可。当上司交给你某一项任务时，这件事你还没有做，你自己也不知道能否在规定的时间内完成，千万不要轻易做出承诺。如果你满口答应说"保证完成任务"，而最终又没有实现你许下的诺言，那么上司对你的信任感就会大大减弱。

4. 请示汇报有分寸

俗话说"伴君如伴虎，刻刻要当心"，跟上级沟通大有学问，不能不说，不能说得太快，更不能不分场合就乱说一气，否则不但不能实现自己的沟通目标，而且会给自己带来更多的麻烦。

人们的情绪对沟通效果有很大影响。领导也是凡人，也有喜怒哀乐，每天要考虑的问题很多，各个时段的心情也大不一样。假如在上司正遇到麻烦，焦头烂额地处理事务时，下属为自己的个人琐事贸然前去打扰，轻则上司敷衍应对，重则可能被上司劈头怒骂，赶出办公室。

下属应当根据自己问题的重要与否，应选择领导乐意听取报告的时机进行请示。如果不知上司何时有空，不妨先给他写张纸条，写上问题的要点，然后请求与他交谈，或写上要求面谈的时间、地点，请他先约定。

这样的上行沟通有什么问题？

李明是一家公司的销售分公司经理。很长一段时期以来，李明的分公司总是达不到计划的要求，销售员人均销售收入低于公司平均水平，而且李明每月的报告总是迟交。在得到年度中期报告后，总公司的总经理决定找他谈谈，并约定了时间。因为分公司离总公司很远，所以李明为了节约时间，选择了电话沟通。

在双方约好的电话沟通时间，总经理打来了电话，然而电话持续了没多久，李明的部属就来找他去处理销售部的紧急事务，他不得不挂了电话。等他回来的时候，已经是两小时后，给总经理再打去电话，之前的谈话内容已经无法接上，沟通的效果很不好。

从上面的案例可以看出，李明事先没有及时向总经理报告未完成销售计划的原因，已经引起了总经理的不满；总经理主动约谈后，李明没等把情况说完，就中断谈话去处理别的事务，使总经理更加不高兴；李明在总经理情绪不好的时候再次打电话汇报，当然不会取得什么好的沟通效果。

一般来说，向上级领导进行请示汇报，要注意以下几点：

第一，在与上司沟通之前，要充分准备好材料，了解自己所要说的重点，简练、扼要、有条理性地向领导汇报。如果有些问题是需要领导做出选择和决断的，下属应有两个以上的方案，而且能向上司分析各方案的利弊，这样有利于上司做决断。为此，事先应当周密准备，弄清每个细节，随时可以回答，如果上司同意某一方案，应尽快将其整理成文字再呈上，以免日后上司又改了主意，造成不必要的麻烦。

第二，在向上司汇报工作时，要有很强的时间观念，按时到达。汇报工作不是越早到越好，提早到达也许会打扰领导正在进行的工作，迟到更是不允许的，一个不守时的人很难让人信任，如果到达后，领导有尚未完成的工作，可在外面等待，留宽松的时间和环境给领导完成眼前事。如果自己因为有其他的事情耽搁，不能准时前去汇报工作，要及时告知领导，决定延期或是稍候进行。

第三，适应上司的沟通习惯。上司有自己的性格、爱好和沟通习惯，如有些人性格爽快、干脆，有些人沉默寡言，大部分上司都有一种统治欲和控制欲，任何敢于侵犯其权威性的行为都会受到报复。因此，下属在汇报工作时，要注意观察上司的反应，尽量按照上司的沟通习惯行事。汇报过程无论意见是否一致，都要保持一个尊重对方的态度，就事论事地沟通，不能有过激的言语，也不要唯唯诺诺毫无主见，更不要态度蛮横固执己见。请示汇报时语言要平稳冷静，适当的时候进行停顿，给领导提问和表达个人意见的时机。当请示的内容获得肯定时，要予以感谢，并表达会认真实践的决心；当请示的内容被否定时，应尊重领导意见或是用委婉的方式再次陈述理由以说服对方。对于一时难以确定的事情，不要逼迫对方做决定，延迟定有延迟的理由，千万不要操之过急。

第四，报告内容一定要有根有据。任何一位上司都不会喜欢无根据的臆断与猜测的话语。下属只有依据自己确认的事实来讲话办事，才能与上司增加信任的尺度，使沟通获得成功。提出问题之前要先替上司考虑，有些人明知客观上不存在解决问题的条件，却一定要去找上司，结果造成了不欢而散的结局。

与上司沟通的策略

1. 目标确定

● 取得间接上司对你建议的认同。

● 避免直接上司给你"穿小鞋"。

2. 分析沟通对象的特点

● 充分掌握间接上司和直接上司的背景。

● 了解直接上司不愿意接受你的建议的原因。

● 了解直接上司和间接上司之间的关系。

● 了解间接上司对越级反映问题的态度及其处理艺术。

3. 分析自身地位和特点

● 弄清楚"我是谁?"和"我在什么地方?"

● 弄清楚自身的可信度。

● 弄清楚你对问题看法的客观程度、深入程度和系统程度。

4. 沟通信息策略

● 策略原则:站在间接上司的角度来分析问题;就事论事,对事不对人;不对上司的人身作评论。

● 信息结构:从客观情况描述入手,引出一般性看法;再就问题提出自己的具体看法。

● 语言表达:言辞不能过激,表情平淡,态度谦虚。

5. 沟通渠道策略分析

● 渠道选择:面对面或间接沟通;口头或笔头沟通;正式或非正式渠道。

● 尽量避免直接上司知道,私下沟通较为合适。

● 可以通过工会开会、合理化建议的方式作为反映问题的通道。

6. 沟通环境策略分析

● 沟通环境策略:选择最合适渠道(正式、非正式),使其与沟通方式相对应。

● 选择合适的时机、合适的场合,以咨询的方式提出。

● 表面上的不刻意,实际上的精心准备。

● 营造合适的、宽松的氛围。

5. 患难之交见真情

每个人都有自己的难处，领导也不例外。下属要和上司建立良好的情感关系，就得细心体谅上司的难处，善于为领导排忧解难。

小杨该不该被炒鱿鱼?

有个饮食公司因产品质量问题而引起社会公众的投诉。电视台记者到该公司采访时，最先遇到的是经理助理小杨，小杨怕担不起这个责任，就对记者推卸道："我们经理正在办公室，你们有什么事直接去问他吧!"

这下可好了，记者闯进经理办公室，把经理逮了个正着，经理想躲也躲不开了，又一点没有心理准备，只好硬着头皮接受了采访。

事后，经理得知是小杨不仅没有提前给自己报信，还推卸责任于自己一身，很生气，很快就把小杨炒了鱿鱼。

小杨作为经理助理，有义务帮助上司摆脱困境，而不是把所有责任和麻烦都推给上司去处理，他这样做虽然能图得一时安逸，但是会招来上司的失望和反感，最终给自己造成更大的损失。

下属要体谅和理解上级，并能在关键时挺身而出，为上级分忧，才能让上级感觉到自己属下具有良好的思想品质和突出的工作能力，能胜任目前的工作并能担任更重要的工作。

例如，开会时，上司往往会为了引发讨论而首先发表自己的见解，可是他的见解可能就会成为与会者内心批判的众矢之的，甚至有人会直言不讳阐述自己的意见，可能造成会议失控。

在这种情况下，聪明的下属应及时予以调解，可以对争辩的双方说："你们两人的意见没有原则性的东西，你们的意见大体都是对的。"或者说："你们的意见基本上是一样的。"适时终止大同小异的辩论，是让上司下台阶的一种办法。下属主动给上司圆场，沟通过程就会变得更容易。

6. 化解上司的误会

在日常的工作中，很可能会出现这样的情况，某件事情明明是上司耽误了或没有处理妥当，可在追究责任时，上司却指责你没有及时汇报，或汇报不准确。

李主任为什么不反驳?

在某企业曾出现过这样的事:总部下达了一个关于财务检查的通知,要求各子公司届时提供必要的材料,准备汇报,并安排必要的检查。某子公司收到这份通知后,照旧是先经过办公室李主任的手,再送交有关领导处理。这位办公室李主任看到此事比较急,当日便把通知送给主管的某副总经理于某。

当时,这位于副总经理正在接电话,看见李主任进来后,只是用眼睛示意一下,让他把通知放在桌上即可。李主任照办了。然而,就在检查小组即将到来的前一天,总部来电话告知到达日期,请安排住宿时,这位主管的十副总经理才记起此事。他气冲冲地把办公室李主任叫来,一顿呵斥,批评他耽误了事。

在这种情况下,李主任深知自己并没有耽误事,真正耽误事情的正是这位主管于副总自己。可李主任并没有反驳,而是老老实实地接受批评。事过之后,他又立即找出那份通知,连夜加班,很快把需要的材料准备齐全了。

为什么李主任明明知道这件事不是他的责任,而又闷着头承担这个罪名呢?很重要的一点就是,这位主任知道,必要的时候必须甘心为上司背黑锅。这样,尽管眼下自己会受到一点损失,挨几句批评,但到头来,自己仍然会有相当大的好处,事实证明,他的想法和做法是正确的,公司领导愈发看重这位忍辱负重的李主任了。

与上司进行良好的沟通,消除上司的误解,要从以下六个方面努力:

第一,极力掩盖矛盾。如果上司误解了你,与你产生了矛盾,你在其他同事或上司面前,要尽力掩盖这件事,不要让所有人都知道你与某个上司有矛盾,以免他们把这件事传得沸沸扬扬,使事态扩大化。

第二,在公开场合注意尊重上司。即使上司误解了你,在公开场合仍要尊重他。见面要主动打招呼,不管他的反应如何,你都要微笑着和他讲话,使他意识到你对他的尊重。这样,他对你的误解便会慢慢消除。

第三,背后注重褒扬上司。虽然上司的误解使你不舒服,但为了搞好与他的关系,在背后不应讲他的不是,而应经常在背地里对别人说他的好处。这样可以通过别人之口来替自己表白真心。假若对方知道了你在背地里褒扬他，肯定会高兴的，这样更利于误解的消除。

第四，上司遇到困难的时候帮他一把。谁都有遇到困难的时候，如果此时你不是隔岸观火，看上司的笑话，而是挺身而出，帮他一把，使他摆脱困难，一定会令他大为所动的。

第五，找准机会尽释前嫌。待上司对自己慢慢有了好感之后，可以找一个合适的机会，请教上司在哪些方面对自己有看法。弄清了上司误解的原因后，你可以耐心地向他做解释，证明你并不是有意的。只要你是坦诚的，上司就不会不接受你的解释。

第六，经常加强感情交流。误解消除后，并不是就万事大吉了。如果刚消除掉上司的误解，你对上司的态度就变得不冷不热，会使上司认为你是在欺骗他，反而更加深了他对你的误解。这时，你不能掉以轻心，而应趁热打铁，经常找理由与上司进行情感交流，培养你们之间的友谊。

方部长的误解

李杰是三年前从基层调到宣传部的，方部长是一个求才若渴的人，见李杰在报纸上发表的文章文笔不错，就多方跑动，终于将这个人才网罗到自己的麾下。几年后，由于李杰精明能干，厂里调他到厂办公室工作，厂办主任也很喜欢他。

过了不久，李杰忽然觉得，方部长似乎对自己有点看法，关系好像渐渐疏远了。经了解，才知道原来方部长和厂办主任之间有隔阂。方部长认为，李杰已经是厂办主任的人了，有点忘恩负义。误解的形成很简单：有一次下雨，中层干部开会，李杰拿着雨伞去接上级，只发现雨中的厂办主任，却没看见站在门口躲雨的方部长，这样，雨中送伞就送出误解来了。

盛怒之下，方部长对信得过的人说，怪他当初看错人了，没想到李杰是一个见利忘义的人。时间不长，话终于传到李杰的耳朵里了，他这才意识到自己已经被误解，问题严重了。

怎么办呢？李杰真的有些为难了。他经过反复思考后，是这样处理的：

每当有人说起自己与方部长的关系时，他总是不承认两个人之间有矛盾。这样做一方面可以向方部长表明自己的人品；另一方面可以制止误解继续扩大，便于缓和与方部长的关系。

　　李杰和方部长在工作中经常打交道，他总是先向部长问好，不管对方理不理，脸上总是笑呵呵的。逢到工作上的宴请时，一起招待客人，李杰总是斟满酒杯，当着客人的面向方部长敬酒，并公开说明是方部长培养和提拔自己，自己才有了今天的长进。李杰的感激与态度，不仅是一种对客人的介绍，更重要的还是一种心灵道白，表示了自己并非忘恩负义的小人，最后，方部长终于和李杰和好如初。

　　在多个上司手下工作，如果不注意自己的言行，说不定会在不经意中得罪某位上司。假如是上司误解了你，你就要想办法消除误解。不然的话，会不利于你的工作。被上司误解的确很委屈，但委屈解决不了问题，得想办法与上司进行沟通，妥善处理上司对你的误解。

　　7. 巧妙应对上司问责

　　在沟通过程中，有时我们也会向上司发表反对意见。但是说"不"需要巧妙表达。喜剧大师卓别林曾说："学会说'不'，生活将会美好得多。"因为不好意思明确表示拒绝，态度暧昧易让人产生误解，甚至取得适得其反的效果。因此，需要指正上司过错时态度要明确，有时可以直截了当，有时需要委婉表达，完全因人因事而定。

　　在职场上，要得到上司的好评，不仅要干得好，还要与上司有良好的沟通，懂得在关键时刻说恰当的话，让上司喜欢你，避免麻烦事落到自己身上。

以下六个句型，在遇到上司问责时经常会用到：

　　第一，"我们似乎碰到了一些状况……"这是以最婉约的方式传递坏消息的句型。你刚刚才得知，一件非常重要的工作出了问题，如果立刻冲到上司的办公室报告这个坏消息，就算不关你的事，也会让上司质疑你处理危机的能力，弄不好还惹来一顿骂，把气出在你头上。此时，你应该以不带情绪起伏的声调，从容不迫地说出本句型，千万别慌慌张张，也不要使用"问题"或"麻烦"这一类的字眼；要让上司觉得事情并非无法解决，而"我们"听起来像是你将与上司站在同一阵线，并肩作战。

　　第二，"我马上处理。"这是在上司传唤时，责无旁贷地接受的句型。冷静、迅速地做出这样的回答，会令上司直觉上认为你是名有效率、听话的好部属；相反，犹豫不决的态度只会惹得事务本来就繁重的上司不快。

第三，"小孙的主意不错!"这是表现出团队精神的句型。小孙想出了一条连上司都赞赏不已的绝妙好计，你应该真诚地给予赞美。在这个人人都想争着出头的社会里，一个不妒忌同事的部属，会让上司觉得此人本性纯良、富有团队精神，因而会对你另眼看待。

第四，"这个报告没有你不行啊!"这是说服上司帮忙的句型。有件棘手的工作，你无法独自完成，非得找个人帮忙不可，于是你找到了对这方面工作最拿手的上司。怎么开口才能让人家心甘情愿地助你一臂之力呢?送高帽，并保证日后必定回报。而上司为了不负自己在这方面的名声，通常会答应你的请求。不过，将来有功劳的时候千万别忘了上司。

第五，"让我再认真想一想，四点以前给您答复好吗?"这是巧妙闪避自己不知道的事的句型。上司问了你某个与业务有关的问题，而你不知该如何做答，千万不可以说"不知道"。本句型不仅能暂时为你解围，也会让上司认为你在这件事情上很用心，所以才一时之间不知该如何启齿。不过，事后可得做足功课，按时交出你的答复。

第六，"我了解这件事很重要，我们能不能先查一查手头上的工作，把最重要的排出个优先顺序?"这是不着痕迹地减轻工作量的句型。有些工作你干不了，不如当下就推辞。首先，强调你明白这件任务的重要性，然后请求上司的指示，为新任务与原有工作排出优先顺序，不着痕迹地让上司知道你的工作其实很重要，若不是非你不可的话，有些事就得延后处理或转交他人。

如何让上司赞同你的观点

相处久了，谁没与上司发生过争执呢?如能有效地把你与上司不同的看法表达出来，对你的工作和前途将产生深远的影响。

如果与你的上司进行争辩，请牢记以下几条原则:

1. 察言观色，瞄准时机。在向上司提出异议之前，先向上司的秘书打听一下上司的心情如何。如果他心情不佳，情绪消沉或愤怒，就趁早打消念头。

2. 心平气和，娓娓道来。如果你气势汹汹，只会硬碰硬，使你的上司也跟着大发雷霆，于问题的解决没有丝毫益处，所以，首先要做到心平气和。此外，不要借机把你积累的不满一股脑儿全发泄出来。

3. 说清问题，亮明观点。有些剧烈争执的发生，是由于上司和下属互相并不明白对方心里在想些什么。问题一旦讲明，争执也就自然消失。下属必须把自己的观点讲得简单明了，以便上司能够理解。

4. 提出建议比仅提出问题更能得到上司的认可。如果你不能提出行之有效的解决办法，至少，你也得提出怎样处理问题的建议。

5. 设身处地，为上司着想。假如你能把自己看作是上司的搭档，设身处地替他着想，那么，他也会自然而然地乐于帮你的忙。

6. 避免矛盾激化。你要牢记，无论如何，你的一切都操纵在上司手中。假如面红耳赤地辩论过火，形成僵局，也许会产生更坏的结果。因此，与上司辩论要聪明、识相一点，不要产生过激言行。

二、下属

1. 学会赞美下属

喜欢听好话受赞美是人的天性。对来自社会或他人的由衷赞美，每个人的自尊心和荣誉感都会得到满足。当人们由于别人对自己的赞赏而感到愉悦和鼓舞时，不免会对说话者产生亲切感，从而使彼此之间的心更加靠近，更容易在沟通中接受对方的观点。

生活实践告诉我们，经常赞美孩子的父母会使家庭充满幸福和快乐，经常赞美学生的老师会赢得全体学生的信赖，经常赞美下属的领导者会提高他在下属心目中的威望，而使本单位工作不断出现新的起色。

美国钢铁公司第一任总裁查尔·斯科尔特在谈到他成功的秘诀时说："那些能够使员工鼓舞起来的能力，是我拥有的最大的资产，而使一个人自身能力发展至极限的最好办法就是赞赏和鼓励他。"

韩国某大型公司的一个清洁工，本来是一个最被人忽视，最被人看不起的角色，但就是这样一个人，却在一天晚上公司保险箱被窃时，与小偷进行了殊死搏斗。当有人为他请功并问他的动机时，他的答案出人意料的简单，他说：当公司的总经理从他身旁经过时，总会不时地赞美他"你扫地扫得真干净"。就这么一句简简单单的话，就使这位员工感动到为了公司的利益不顾个人的生命安危。由此可见，赞美的力量是何其的伟大。

实验心理学研究表明，人在受到赞扬后的行为，要比受了训斥后的行为更为合理、更为有效，且赞扬能释放出人的某种能量来。领导者如果通过真诚的赞扬来激励下属，他们会自然地显示出友好与合作的态度来。赞扬之于人心，如阳光之于万物。下属经常听到真诚的赞美，感到自身的价值获得了领导的肯定，有助于增强自尊心、自信心。

赞美下属要做到以下几点

赞美是一件好事，但绝不是一件易事。赞美别人时如不审时度势，不掌握一定的赞美技巧，即使你是真诚的，也会变好事为坏事。真正善于赞美别人的行家毕竟是少数，大部分人还需要学习怎样赞美别人，以便更好地影响并说服别人。赞美下属要做到以下几点：

1. 要选准时机。选择下属急需鼓励的时刻，看到他们的微小进步时要及时予以赞美。最有实效的赞美不是"锦上添花"，而是"雪中送炭"，那些因被埋没而产生自卑感或身处逆境的下属，一旦被上级当众真诚地赞美，便有可能振作精神，大展宏图。如果员工取得成绩后没有得到及时的赞美和反馈，员工就无法知道自己的表现是否符合上司的要求，是否有什么做得还不够好，工作热情受到打击。

2. 要注意场合。赞美的效果在于见机行事、适可而止，要注意在场人数的多寡选择恰当的赞美话语。被赞美者单独在场时，不管哪方面的赞美话语，都不会引起他人的不自在，如果多人在场，你赞美其中一人，有些赞美话语会惹出其他在场者不同的心理反应。总结表扬一个阶段涌现的好人好事，必须在众人面前发表赞美之词，以树立榜样，形成舆论，推动工作的开展。

3. 要明确具体。应从具体的事件入手，善于发现下属的长处，并不失时机地予以赞美。赞美用语越翔实具体，说明你越了解对方，对他的长处和成绩越看重，使对方感到你的真挚、亲切和可信，你们之间的人际距离就会越来越近。

4. 要把握"度"。要尽量如实赞美，不能任意夸大，随意拔高。如果领导者在表扬员工时随意夸大事实，把员工的朴素想法拔高到理想化的境界，可能会产生如下消极后果：其一，会使被表扬者产生盲目性自满情绪，误以为自己真有夸大的那么好，从而坠入自我欣赏、不求进取的境地；其二，会造成其他员工的逆反心理，其他员工会由不服气到反感和生厌，容易在今后的工作中为被表扬者设置障碍；其三，容易助长人们不务实、图虚名的不良风气。

---

2. 化解员工抱怨

古人说："防民之口，甚于防川，川壅而溃，伤人必多，民亦如之。是故为川者，决之使导；为民者，宣之使言。"意思是，阻止人民说话抱怨的危害，比堵塞河川引起的水患还要严重，江河的水被堵塞，就要决口奔流，被伤害的人一定很多，禁止人们讲话也像这样。所以，治水要疏通河道，使水流畅通，管理百姓要让他们宣泄不满，让他们开口说话。

管理企业也是如此，当员工认为自己受到了不公正的待遇，就会产生抱怨情绪，如果不能及时处理，可能会出现降低员工的工作积极性，在长期的抱怨之下甚至出现人员离职、罢工行为的产生。

人称"经营之神"的松下电器公司创始人松下幸之助有句口头禅："让员工把不满讲出来。"他认为这一做法，可以使管理工作多了快乐，少了烦恼；人际关系多了和谐，少了矛盾；上下级之间多了沟通，少了隔阂；公司与员工之间多了理解，少了对抗。

抱怨并不可怕，可怕的是管理者没有体察到这种抱怨，或者对抱怨的反应迟缓，从而使抱怨的情绪蔓延下去，最终导致管理的更加混乱与矛盾的激化。

实际上，80%的抱怨是针对小事的抱怨，或者是不合理的抱怨，它来自员工的习惯或敏感。对于这种抱怨，可以通过与抱怨者平等沟通来解决。另外，20%的抱怨是需要作出处理的，它往往是因为公司的管理或某些员工的工作出现了问题。

面对员工抱怨，管理者必须谨慎地处理，不可置之不理，轻率应付。化解抱怨的关键是及时、公正、公平、沟通。在抱怨刚刚出现，还没有转成正式抱怨时，管理者主动追查原因并处理是消除抱怨的最佳方法。

麦当劳化解抱怨之道

不定期的绩效考核，是麦当劳解决员工抱怨的秘密武器。不定期考核的方式，即请员工与部门的主管一同参与，为员工评定绩效。

首先，由员工衡量个人表现，自提绩效，给自己打分数，同时请直属主管也为员工评定分数。

其次，借这个机会，请员工个别与其主管讨论，员工能听听主管对自己的表现有何看法，若有什么意见，也能提出来与主管沟通讨论，一切开诚布公。

最后，若员工有严重的抱怨，麦当劳会针对事件中的特定对象或目的，举办"临时座谈会"，跨越该员工的直属主管，而由第三者来主持座谈会，收集员工与主管双方的不满意见，予以调停，谋求在座谈会中当场解决。

麦当劳的成功案例说明，提供员工一套正式而完善的抱怨申诉管道，是企业的责任，除了协助企业正视许多员工所发现的管理问题，同时平复员工的情绪，提升组织运作绩效，所以企业不应一味地压抑员工的牢骚，轻视员工的意见。

在处理员工抱怨时要做到以下几点

1. 尊重员工，耐心倾听。其实员工的抱怨有时无非是为了缓解心中的不快，面对员工的抱怨应该坦然接受，并尊重他们发言权。当你发现你的下属在抱怨时，你可以找一个单独的环境，让他无所顾忌地进行抱怨，你需要做的就是认真倾听。只要你能让他在你面前抱怨，你的沟通就成功了一半，因为你已经获得了他的信任。

2. 了解抱怨的起因。所谓"无风不起浪"，任何抱怨都有起因，除了从抱怨者口中了解事件的原委以外，管理者还应该听听其他员工的意见。在事情没有完全了解清楚之前，管理者不应该发表任何言论，过早地表态，只会使事情变得更糟。要根据员工抱怨的实际情况，对抱怨的问题进行分类：到底是属于基本员工层面的日常事务型的抱怨，还是属于想为部门或者公司好，反映问题但没有办法解决的抱怨，还是一些骨干在思想认识上面碰到了不理解而产生的抱怨等。

3. 果断处理，不留后患。管理者听取抱怨者的抱怨和意见后，要对抱怨者提出的问题做认真、耐心的解答，并且对员工不合理的抱怨进行友善地批评。如果你打算解决问题，就请立即采取行动。如果你不准备采取什么行动，也应告诉抱怨者其中的原因。在处理时，应当形成一个正式的决议向员工公布，在公布时要注意认真详细、合情合理地解释这样做的理由，而且应当有安抚员工的相应措施，作出改善的行动，不要拖延，不要让员工的怨气越积越深。

3. 激励的 "法宝"

激励下属高效工作，是管理者的日常沟通工作之一。

谈到激励，人们往往会理所当然地认为，只要给予员工充足的金钱（薪酬待遇），员工便会按照管理者既定的路线前进。而实际上，根据一项关于员工为什么留在公司里的权威调查显示，使得员工决定留的公司的几项因素中——成就、对成就的认可、工作本身、责任和晋升，金钱排在最后。

管理大师德鲁克在对在经营上取得巨大成功的公司的研究中发现，在进行员工激励的过程中，他们在除了关注员工福利待遇外，更加关注员工的个性化需求。他们更乐意把企业的愿景与员工一同分享，在激励员工的过程中，我们更加注重通过培训使得员工能够更快地成长；他们更乐意通过分配员工具有挑战性的工作，使得员工获得满足感。在他们的公司中到处充满了人性化的管理氛围，人们在那里做的每一种工作都会受到足够的尊重，人们在那里是合作伙伴的关系而非简单的雇用与被雇用的关系，人们在那里可以快乐、轻松地做自己的工作。

管理者常用的几种激励方法

1. 薪酬激励，薪酬待遇不仅是员工生活的保障，还是社会地位、角色扮演和个人成就的重要标志，必须体现多劳多得、公平公正的原则，与业绩紧密挂钩。

2. 荣誉激励，就是以发奖状、证书、记功、通令嘉奖、表扬等形式对员工的行为加以肯定。对于员工不要太吝惜一些头衔、名号，因为它们可以换来员工的认可感，从而激励起员工的干劲。

3. 工作激励，主要指工作的多元化和职务晋升，可以增加员工的成就感，促使员工的潜能得到更大的发挥。

4. 关怀激励，在日常工作中要多和员工沟通，工作间隙也可以和他们聊天，多关心他们的身体健康和家庭生活，对其生活中遇到的困难，要给予理解、帮助，让他们感到上司不仅仅关注于他们的工作，还像对待自己的家人一样关注他们的健康、生活。

5. 目标激励，管理者通过下达目标对员工进行管理，当组织最高层管理者确定了组织目标以后，必须对其进行有效分解，转变成各个部门以及个人的分目标，管理者根据分目标的完成情况对下属进行考核、评价和奖惩。

---

6. 参与激励，在工作中尽量让下属参与决策，共同研究工作，引导下属开动脑筋，找出好的方案。下属体会到方案的提出也有自己的功劳，就会在执行中做到既能准确地理解，又能积极地去开展工作。

7. 竞争激励，将竞争机制引入内部管理，激发下属的内在动力，提高他们的自身素质。群体内部有相互带动作用，如果某人有优秀的表现，起到很好的榜样作用，其他的人也会去效仿，使整个团体受到激励，充满活力。

4. 恰当的批评方式

表扬和批评是下行沟通中常用的两种方法，也是身为上司必须掌握和运用好的最基本的领导艺术。下属有了成绩，上司就应及时加以肯定和赞扬，促其再接再厉不断进步；下属有了缺点和错误，上司也应及时指出并加以批评，促其醒悟，以免在错误的道路上越走越远，甚至出现更大偏差而影响全局工作。

没有人喜欢遭到别人的指责和批评，不恰当的批评方式，并不能够使别人产生永久的改变，反而常常会引起愤恨。

批评是一门艺术，既要对方认识到错误的危害性，又要做到不伤害对方自尊，使对方能够欣然接受，并且还能增进双方的信任感，实际的管理过程中往往很难同时做到。

批评的方式是人际交往中最难把握的一种表达形式，生活中，我们常会遇到此类情景：在公共场合中，如果某人不讲方式，得理不让人，居高临下地批评、指责对方，试图把自己正确的观点强加给对方，结果往往会事与愿违。此时，即使对方明知自己错了，也往往会强词夺理，没理辩三分，或者干脆拂袖而去，弄得场面十分尴尬。

批评必须选择恰当的时机，最好是选在没有第三者在场的场合下，不然的话，他会把你的批评，认为是你故意让他当众出丑，潜意识里会自然增加抗拒的心理。

俗话说，"良言一句三冬暖，恶语伤人六月寒"。批评要根据被批评者的具体情况灵活运用比喻、暗示、商讨、提醒等容易被人接受的形式。一般来说，和风细雨式的批评比较容易被他人所接受，而疾风骤雨式的批评让他人难以忍受。

哪里批评错了?

A 公司是一家生产化工产品的企业,由于工作环境要求,公司明文规定不能在基层车间吸烟。

有一天,公司的生产主管去基层车间时发现有位员工抽烟。员工一看生产主管过来了,赶紧把烟掐灭,并表示歉意。

- 生产主管说:"你这是违反规定。"
- "对,这事是我错了。"员工诚恳道歉。
- 生产主管说:"你得受处分。"
- "我接受批评,我接受处分,下次不了。"员工不住点头。
- 生产主管又说了一句:"你还是先进分子呢。"
- 员工开始不高兴了,顶了一句说:"先进分子就不能抽烟了?"
- 生产主管说:"你还不服管,还敢顶嘴?"
- "顶嘴?你又不是我老子,我跟你说话不能顶嘴吗?"员工也嚷道。
- 生产主管非常气愤,说:"你等着,我饶不了你!"

结果,这个员工干脆又把烟点上了,还把烟圈吐在主管脸上,冲突不断升级。

上面案例中的冲突本来是可以避免的,由于生产主管不讲究批评方式,没有考虑受批评者的心理感受,最后演变成了情绪对抗。

批评的时候,应该以人为中心,研究人的价值、人的创造力和自我实现,关心和提升人的尊严,充分重视人的主观性、意愿和观点,通过人性的自然流露,采用亲切、友善的批评态度,激励对方放弃成见、抛下私情、面对理性。

对一个领导者来讲,针对特定的事件、采用正确的批评方法、巧用批评的技巧和谋略,调节下属的心理因素,从根本上抓住管理的关键和核心。

略施小计

小王和李科长非常熟悉。小王有开会迟到的毛病，李科长批评了多次，总也不见小王改正。

有一天开会，小王又迟到了半小时。李科长正主持会议，见小王进来，慢悠悠地说："小王今天值得表扬，这是他今年以来第一次准时到会。"

小王心中大惑不解，嘴里便脱口而出道："不是一点半开会吗？现在两点钟了。"话刚出口，便自觉十分不妥，想要收回去已经来不及了。

李科长笑着说："会嘛，是两点钟开。只是对你我们作了一点小小的照顾，你的通知上写的是一点半。"

大家哄的一声笑起来，小王满脸通红。

李科长会后找小王谈了一次，之后，小王再也没有迟到过。

古人说，"攻人之恶勿太严，当思其堪受。"不同的人由于经历、文化程度、性格特征、年龄等的不同，接受批评的承受力和方式也有很大的区别，这就要求管理者根据不同批评对象的不同特点，采取不同的批评方式。例如，对于生性固执或自我感觉良好的下属，可以直白地告诉他犯了什么错误，以期对他有所警醒；对于性格内向的人，对别人的评价非常敏感，可以采用以鼓励为主、委婉的批评方式。另外，对于严重的错误，要采取正式的、公开的批评方式；对于轻微的错误，则可以私下里点到即止。

以下是几种比较有效的批评方式

1. 三明治批评法。即先表扬，后批评，再表扬，这种批评方式，就像三明治，在面包的中间夹着其他东西，被中国台湾、日本的管理人员广泛应用。三明治批评法使用积极正面的语言去表达消极负面的信息，使受批评者同时感到鼓励和鞭策，效果十分显著。

2. 对事不对人批评法。我们批评他人，并不是批评对方本人的人格、品性，而是批评他的错误的行为，千万不要把对部下错误行为的批评扩大到对部下本人的批评上。对事不对人的批评，既点出问题，令对方受到震动，又维护对方的面子，给他们改正的机会，使对方更容易接受。

3. 单独场合批评法。古人说，"扬善于公堂，规过于私室。"人犯错后，受不了的是大家对他群起而攻之，因为这伤害了他的自尊，他也许会承认错误，但无法接受这种批评方式，这将使他对领导、对同事充满敌意，一旦有机会，将以牙还牙。如果希望自己的批评取得效果，最好选在单独的场合对下属进行批评教育，如独立的办公室、安静的会议室、午餐后的休息室，或者楼下的咖啡厅都是不错的选择。

4. 启发式批评法。对自觉性较高者，应采用启发他做自我批评的方法。例如，有人在挂着"禁止吸烟"的牌子下吸烟，管理人员发现后，递给抽烟者每人一支烟说："老兄，如果你们到外面抽，我会感谢你们的。"通过这样委婉的批评，员工当然知道自己破坏了规定。管理者采用这样的批评方式，提高了自己的威望，也获得了员工的敬重。

5. 员工离职沟通：再见亦是朋友

在激烈的市场竞争中，企业也在不断调整自身以争取更大的生存和发展空间，不免也会淘汰一些能力有限、技术落后的老员工。同时，一些员工出于种种原因，也可能选择主动离职，去别的企业工作。无论是被公司辞退的员工，还是自愿离开公司的员工，大多会在离职后抱怨、发泄对公司的诸多不满，甚至诋毁公司的声誉，这样必定会给公司造成一定的名誉损失。因此，管理者做好员工离职沟通十分有必要。

本着善待离职者原则，对于主动离职员工，通过离职沟通了解员工离职的真实原因以便公司改进管理；对于被动离职员工，可以指出其在工作中的不适因素，并对其突出表现加以表扬肯定，鼓励他在以后的工作中扬长避短，努力工作，通过离职面谈提供职业发展建议，不让其带着怨恨走；同时，诚恳地希望离职员工留下联系方式，以便跟踪管理。

身在曹营心在汉

三国时期，刘备被曹操赶得四处奔波，幸得军师徐庶辅佐，多次打败曹军，才在新野小县有了立足之地。

曹操了解到徐庶为人至孝，于是把徐母带到许都，并模仿了徐母的字迹写信，要徐庶速归曹操。

徐庶得知此讯，痛不欲生，明知是曹操用计，但他是孝子，不得不含泪向刘备辞行。他用手指着自己的胸口说："本打算与将军共图王霸大业，耿耿此心，唯天可表。不幸老母被掳，方寸已乱，即使我留在将军身边也无济于事，请将军允许我辞别，北上侍养老母！"

刘备虽然舍不得让徐庶离开自己，但他知道徐庶是出了名的孝子，不忍看其母子分离，更怕万一徐母被害，自己会落下离人骨肉的罪名，只好说道："百善孝为先，何况是至亲分离，你放心去吧，等救出你母亲后，以后有机会我再向先生请教。"

徐庶非常感激，想立即上路，刘备劝说徐庶小住一日，明日为他饯行。

第二天，刘备为徐庶摆酒饯行，等到徐庶上马时，刘备又要为他牵马，将徐庶送了一程又一程，不忍分别，感动得徐庶热泪盈眶。为报答刘备的知遇之恩，徐庶不仅向刘备举荐了诸葛亮，而且发誓终生不为曹操所用。

后来，徐庶果然不为曹操出谋划策。在赤壁之战中，徐庶本已识破庞统搞的"连环计"，也不向曹操道破，使孙刘联军火攻之计大获成功。

留才留心，只要能留得人才之心，他即使在天涯海角依然能为你效命。徐庶的人虽然离开了，但心却在刘备这边，故有"身在曹营心在汉"之说。

做好员工离职前的沟通工作，要注意以下几点：

首先，要做好面谈的准备，要选择轻松、明亮愉快的空间，准备好离职人员的基本材料、考核记录，并事先与该员工周围的同事进行沟通，以便正确掌握离职的真正原因，并确定挽留员工的底线与方案。

其次，交谈中注意访谈技巧。一般而言，离职者会忐忑不安，一定要营造缓和的气氛，才能与其进行真正的沟通。不要只是按照事先列出的问题逐项发问，而是随时察言观色，设法表示对离职者观点的同情，要积极地倾听，如果有不清楚的地方，要仔细询问。有时要适时保持沉默，让离职员工有时间可以思考。当其产生防卫心理时，应及时关心他的感受，不要唐突地介入问题，并真诚地感谢他的建议。

再次，安排足够时间，可以使离职员工畅所欲言。让离职员工感受到你的真诚。如果他觉得你只是在例行公事，你不会得到有价值的回馈。可以先帮被面谈者倒杯茶水，先行营造轻松的气氛，以善意的动作卸去彼此对立的立场，建立彼此互信的关系，才能够让被面谈者真正说出心中的想法。

最后，做好面谈的分析与改进，要将面谈的重要点记下来，便于以后的分析管理。针对离职者提出的建议和离职原因提出改进措施和建议，并制定相应的管理策略。

员工离职了，并不表示和原来的公司就从此"一刀两断"，互不相见。很多时候，与离职员工保持好的关系，还可能为公司带来很多长远的利益，比如：新的客户和市场机会，人才推荐机会，甚至优秀离职员工重新回到公司继续效力等。通过面谈，可以向离职员工发出友善信号，使其认识到他仍然是公司的"朋友"。

下行沟通的基本规范
一、下达指令规范
1. 对指令有明确、全面的界定。 ● 指令的具体内涵是什么？ ● 为什么下达这一指令？ ● 指令的具体要求是什么？ ● 由谁监督指令的实施？ ● 什么时候对指令的落实情况进行检查？ ● 在什么时间和地点验收结果？ ● 对指令的实施有什么方向性思路？
2. 态度平等，用词礼貌。 ● 多使用"请"、"我们"等用词向下属下达指令。 ● 避免用"你应当怎么样"、"你只能怎么样"、"组织限制你怎么样"等口气下达指令。
3. 通过激发意愿，让对方自己承诺，主动请缨。 ● 避免让下属被动地接受指令。 ● 不要以一种绝对不容置疑和不可挑战的组织原则，强制性地下达指令。
4. 让下属充分理解指令的意义和价值。 ● 让下属感到所接受任务的光荣，和他能承担这一任务的自我价值。
5. 让下属复述指令要求。 ● 确保下属准确无误地理解指令的要点和要求。
6. 明确给予支持的力度。 ● 明确告知自己能为下属提供的资源和支持。

下行沟通的基本规范
7. 询问执行难度 ● 询问下属落实指令的困难，并指明解决的途径，帮助下属树立信心。
8. 允许下属提问。 ● 允许下属提出问题和要求，并尽可能给予正面解答。
二、听取汇报规范
1. 事先准备。 ● 要有事先的时间、地点的约定，让下属做好充分的准备。
2. 注意倾听。 ● 让下属感到自己以及自己所承担的工作为领导所重视，同时在倾听中发现问题。
3. 多鼓励少插话。 ● 防止下属揣摩出你的倾向后，根据你的倾向，有选择地汇报，致使你不能获得真实全面的信息。
4. 当场评价。 ● 对于下属的汇报，要当场做出评价，该肯定的即时予以肯定，该批评的即时给予批评。
5. 正面肯定。 ● 恰当地评价下属的工作，但要求以正面肯定为主，并让下属明白没有肯定，也就是有差距的。 ● 但评价表述要区分下属个性，分别对待，针对有些死心眼的人，不足之处必须明言。
6. 适时诱导下属，让下属的汇报简明扼要，切中正题。
三、与下属商讨问题规范
1. 充分为商讨问题的沟通做好准备。 ● 事先制定商讨问题过程的计划提纲，防止跑题，以提高沟通效率。
2. 注意提问。 ● 注意多发问，多使用鼓励性的词语，诱导下属讲出自己的真实想法，抓住下属谈话的核心内容和自己想获得的信息。
3. 及时反馈。 ● 在商讨问题的过程中，如果下属提出与自己不同的看法，要以尽可能快的速度做出反应。 ● 尤其是要从下属的角度思考问题，找出下属意见的合理性，并充分认定其合理性。

续表

下行沟通的基本规范
4. 置身事内。 　　● 不要把自己置身度外，仅仅作下属工作的评价人，而要紧密地把自己的工作业绩与下属工作的成效关联起来。 　　● 尽可能让下属产生责任感和使命感，畅所欲言地沟通，交换意见。
5. 缓下结论。 　　● 不要在下属明确问题解答的思路之前做结论，防止把讨论问题变成做指示，要求诱导下属自己通过整理归纳作结论，激发下属的信心和责任感。

三、平级

平级关系是一种横向关系，组织机构中具有相对等同职权地位的人之间，既没有奖的手段，也没有罚的权限。平级之间沟通合作，没有"应该"和"必须"，只有相互帮忙和愿意帮到什么程度、尽多大力。

现代化生产经营靠的是各部门的共同协作，平级之间沟通畅通了，整个组织才能正常、良好地运转。现实生活中，平级之间由于缺乏交流和沟通，经常以邻为壑，相互猜疑甚至相互挖墙脚、设陷阱。有人说，平级沟通没有"肺"。肺主呼吸通气，同级之间沟通难，往往是因为这种沟通不是真心，不是发自肺腑之言。

1. 主动表达善意

平级的管理者之间在组织机构中处于同等位置，不能用命令、强迫、批评等手段达到自己的目的，只能通过建议、辅助、劝告、咨询等方法进行沟通，有点类似于普通人之间的日常交往。

人与人之间在刚开始交往的时候，都免不了心存一点戒心，担心被别人算计，这是十分正常的。部门之间也是如此，虽然都在一个企业里工作，但各部门也有自己的利益，总怕被别的部门先占了便宜，抢走了头功。

这个时候，心胸开阔、有远见的管理者通常会主动表达善意，减少或者打消对方的顾虑，使双方形成良好的互动沟通。

负荆请罪

战国时候，蔺相如以他的大智大勇"完璧归赵"保住了"和氏璧"，并取得了对秦外交的胜利，赵王封他做上大夫。接着，在"渑池会"上，蔺相如毫不示弱地回击了秦王施展的种种手段，不仅为赵国挽回了声誉，而且对秦王和群臣产生震慑，最终使得赵王平安归来。会后，赵王"以相如功大，拜为上卿"，地位竟在廉颇之上。

廉颇是一位杰出的军事将领，其征战数十年，攻城无数而未尝败绩。廉颇对蔺相如封为上卿心怀不满，认为自己作为赵国的大将，有攻城略地、扩大疆土的大功，而地位低下的蔺相如只动动口舌却爬到了自己的头上，叫人不能容忍。因此，他扬言要当众羞辱蔺相如。

蔺相如知道后，并不想与廉颇去争高低，而是采取了忍让的态度。为了不使廉颇在临朝时排列在自己之下，每次早朝，他总是称病不去。以后，他自己坐车出门，只要听说廉颇打前面来了，就叫马车夫把车子赶到小巷子里，等廉颇过去了再走。

廉颇手下的人，看见上卿这么让着自己的主人，更加得意忘形了，见了蔺相如手下的人，就嘲笑他们。蔺相如手下的人受不了这个气，就跟蔺相如说："您的地位比廉将军高，他骂您，您反而躲着他，让着他，他越发不把您放在眼里啦！这么下去，我们可受不了。"

蔺相如心平气和地说："虎狼般的秦王，我蔺相如都敢当庭呵斥，羞辱他的群臣，难道还会怕廉颇吗？强秦之所以不敢出兵赵国，这是因为我和廉颇同在朝中为官，如果我们相斗，就如两虎相伤，不能两全，那时候秦国就会乘虚而入。我之所以避开他，无非是把国家危难放在个人的恩怨之上罢了。"

蔺相如的这番话，后来传到了廉颇的耳朵里。廉颇惭愧极了。他脱掉一只袖子，露着肩膀，背了一根荆条，直奔蔺相如家。蔺相如连忙出来迎接廉颇。廉颇对着蔺相如跪了下来，双手捧着荆条，请蔺相如鞭打自己。蔺相如把荆条扔在地上，急忙用双手扶起廉颇，给他穿好衣服，拉着他的手请他坐下。

从此以后，两人结为刎颈之交，同心协力辅佐赵王，秦国因此更不敢欺侮赵国了。

廉颇"负荆请罪"的故事，是一个善意沟通取得成功的典范。廉颇、蔺相如之间的矛盾，起源于廉颇对蔺相如的一些误解，当廉颇发现自己的错误后，深感内疚，通过主动地上门请罪，表达善意，他们之间的矛盾冲突随即化解。当然，蔺相如宽阔的胸怀和及时回应也是促成"将相和"的关键因素。

善意沟通，就是在沟通中要充分考虑对方的实际情况，多从善意的角度理解对方的想法，消除不必要的疑虑。平级之间相互尊重，和谐相处，努力争取双赢，才能让平行沟通无障碍。通常来说，表达善意要做到以下几点：

第一，尊重对方，主动沟通。只有尊重对方，对方才会给予同样的回报，彼此尊重，这样才能进行有效地水平沟通。凡事由自己先做起，率先走出第一步，就会达到自己想要的结果。不要有事才去和其他部门经理沟通，无事时老死不相往来，只有人熟了，关系好了，事情才好办。

第二，不要只考虑本部门的利益。设身处地站在对方的立场考虑，说别人喜欢听的，做别人希望你做的，要用真诚换真心，要学会包容别人。

第三，做到互利互惠。在沟通时基于互利互惠的原则，强调自己的责任，增加责任感，双方保持平等互惠的原则，力求大家都好，才方便沟通。

第四，用诚意来促进对对方的了解，送上及时的关怀。在现实中，做一个生活的有心人，留心同事的生活，注重平时的联系，在生日、节假日等到来的时候，对那些需要别人的关怀的同事，不妨打个电话进行慰问、祝福。这样能促进彼此的了解，达成有效的沟通。

主动沟通消除隔阂

某公司老总发现公司的财务部和营销部长期缺乏沟通，两个部门因为一些事情长期扯皮，影响了公司的声誉。

一天，他召集两个部门的经理，与他们推心置腹地沟通才了解问题的症结所在，原来是因为两个部门的部属背地里都在说对方部门的坏话，才使双方部门长期存在隔阂。财务部说营销部是"烂好人"，总把客户直接带到财务部讨债。财务部为了能把公司的流动资金多周转一次，对外谎称公司账户上暂时没有钱，而营销部的人却故意拆他们的台，说公司账上明明有钱，让他们马上给钱。

两个部门的经理通过老总细心调解，都做了自我批评，相互赔礼道歉，表示要严格管束部门部属，团结一致，努力让公司的产品在市场上有个好销量。关于客户付账等涉及两部门流程的问题也会好好坐下来商讨并制定相应的流程规则，防止冲突再次发生。

从这以后，这两个部门经常密切沟通，工作也逐渐协调了起来。

部门之间在业务方面存在矛盾很正常，只要大家的目的都是为了企业发展，不妨各自主动退让一步，让对方知道自己的善意和真诚，或许很快就会收到热情的回应。有时，主动表达善意可能会吃点小亏，但从长远来看，平级部门之间的合作和友谊所带来的好处远远大于最初付出的代价。

2. 不旁观，不错位

足球场上，每个球员都要积极主动地相互配合，队友防守出现漏洞时要及时补上，同时还要照看好自己的位置，不能随便改变自己和队友的角色身份。

企业组织的各部门在协调沟通的过程中，也要像足球比赛一样，见到空位及时主动补救，不能袖手旁观。如果需要别人配合你，你最好自己先提供协助，别人才会愿意反过来配合你、协助你。所以平时就要主动地、有意识地给别的部门提供方便或帮助，自己先制造一些对别人的贡献，然后再要人家来配合我们，共同谋求一个双赢的结果。

要做到不旁观、不错位，管理者平时就要去了解其他部门经理的工作目标，了解其他部门经理对自己部门管理当中的重要性，了解自己部门对其他部门的影响，还应该了解自己部门怎样配合，其他部门才能满意。这样，你会知道对方有什么需求，知道自己部门有什么资源，也会知道运作到什么程序，对方需要什么样的支持。如果有了这样基本的认知，我们就会清楚，我们应该怎样和他去配合，我们的沟通就会变得积极主动和恰到好处。

所谓"补位"，就是在有人"缺位"的情况下，主动地把看似分外的工作暂时承担起来，避免因别人的"缺位"而造成工作上的损失。这既是团队精神的生动体现，也建立了平级部门之间互助互利的友好合作关系。

所谓"不错位"，就是严格遵守职责分工，绝不无故超越自己的职权去干那些本来不该管、不能管的事情，导致"种了别人的地，荒了自家的田"，甚至还可能被说成"狗拿耗子多管闲事"。

同事为何不同心

　　小张刚就任部门主管，他是个心直口快的人，说话从不含蓄委婉，所以经常得罪同事。一次，饮水机没水了，他对同事小刘说："帮个忙换桶水吧，就你闲着。"小刘一听不高兴了："什么就我闲着？我在考虑我的策划方案呢。"小张碰了一鼻子的灰。

　　有一天，小张跑到销售部："吴经理，你给我把这月的市场调查小结写一下吧。"吴经理头也没抬，冷冷地说："刚当上部门主管，说话就是不一样。"显然吴经理生气了。小张想，我也没说什么呀。他顺手拿起打印机旁的一份《客户拜访表》，问："这是谁制的表？"吴经理的助理夺过表格："你什么意思！"

　　当天，几个同事在一起谈话，让小张说一说对公司管理的看法。于是小张竹筒倒豆子——噼里啪啦一吐为快："我认为目前我们公司的管理非常混乱，有令不行、有禁不止，简直一个乡下企业。"大家不爱听了，认为小张话里有话，似乎同事们都是坏人，就他一个人是好人。

　　一会儿同事小汪问小张，某某事情可不可以拖一天，因为手头有更重要的事在做。"有这么做事情的吗？"小张声色俱厉地说，"你别找理由了，这可是你分内的事，反正又不是给我做，你看着办！"小汪也不甘示弱，说："喂，请注意你的言辞。你以为你是谁呀？我就是没时间！"小张气得发抖，说道："我怎么了？本来就是这么回事嘛，我不过实话实说。"

　　不久以后，由于小张与周围同事都相处不好，无法完成上级下达的任务，被降职了。小张不能接受这个事实，于是提出了辞职。临走的时候，他还是想不明白，自己到底怎么得罪了这些同事。

　　小张干涉同级部门的事务，犯了沟通中的大忌，而且他还口无遮拦、言辞刻薄，更是引起了同事们的不满。在孤立无援的情况下，小张的工作没有进展，最终被迫辞职，也是理所当然的事。

　　3. 求同存异建交情

　　俗话说：物以类聚，人以群分。不管是做什么工作的，只要有共同的话题和兴趣，比较投缘，就可以产生交情，成为朋友。同级领导者之间都既是天然的"合作者"，又是潜在的"竞争者"。这是一种微妙的人际关系，必然会产生既渴望"合作"，又警觉"竞争"的复杂心理。如果各部门在工作中都考虑到他人的特殊利益，齐心协力促进企业发展，那么组织中的平级沟通就会更为顺畅。

做到求同存异，要求管理者要有宽容博大的胸怀和长远发展的眼光，对平级部门非原则性的不同观点不予过多纠缠，主要精力放在扩大双方都感兴趣的方面，通过增加共识，建立牢固的友谊与合作关系。

桌子与沟通

美国一家公司非常重视员工之间的相互沟通与交流。公司管理层发现，公司各个部门的员工，比如技术研发、市场营销等部门的员工，在工作中关注于专业分工，缺乏对其他部门信息的了解，容易导致部门之间的隔阂，组织整体信息被人为分化。

于是，他们想出一个办法，把公司餐厅里四人用的小圆桌全部换成长方形的大长桌。这是一项重大的改变，因为用小圆桌时，总是那四个互相熟悉的人坐在一起用餐。而改用大长桌情形就不同了，一些彼此陌生的人有机会坐在一起闲谈了。

如此一来，研究部的职员就能遇上来自其他部门的行销人员或者是生产制造工程师，他们在相互接触中，可以互相交换意见，获取各自所需的信息，而且可以互相启发，碰撞出"思想的火花"。

更重要的是，各部门能够了解其他部门的相关信息，从而做到换位思考，求同存异，避免了不应该的冲突。公司的经营得到了大幅度的改善。

从案例中可以看到，对桌子的小改动带来了部门之间交流的增多，相互接触时间长了，人们就会增进彼此了解，找到更多共同感兴趣的话题，形成团队意识。

同级部门之间难免有一些竞争关系和利益冲突，容易对某些问题产生歧见。这个时候最好不要急于与人辩论，否则，即使你在口头上胜过对方，却在事实上损害了对方的尊严，对方可能从此记恨在心，说不定有一天他就会用某种方式还以颜色。

当别人批评你或向你提出问题的时候，我们要学会把每个问题当成"老师"，把每次批评当成提升自己的机会。在矛盾和事端面前，要学会用一颗宽容的心去对待，而不是总要求别人来宽容你。

小郑的"霸道"

小刘是局办公室的"资深"女秘书，因为工作性质的关系，经常和办公室主任组织以及参加局里来自上级主管部门和兄弟单位的各种检查和接待活动，最近和丈夫准备生一个孩子，因此考虑再三，终于下决心跟主任和局长表达了自己希望在办公室内部调换岗位的意向。

经过讨论，主任和局长同意了小刘的要求，并由办公室前年招考公务员时进来的小郑接替小刘原先负责的接待工作。小郑是个小伙子，在小刘的印象中，这是一个嘴巴很甜很会套交情的年轻仔。但自从接替小刘的接待工作后，小刘却开始感到小郑的"底气"和以前很不一样了。或者是经常跟主任与局领导"处"在一块的原因，小郑明显比以前"牛气"了很多，有时要小刘配合做一些事情，不经意间就会表现出十足的"指挥"派头。

办公室里别的同事看到小郑这种做派，都很气愤，私下商量要找机会"治治"他。小刘对此自然都是一笑了之。

但最近的一件事，却很让小刘"闹心"。在小刘所负责的工作中，有一项是主任以前指派的，即担负局里日常开销和常规接待费用的签单，大宗的费用一般是主任自己签单，但还有一些不大不小的，通常都会叫小刘来签。

小刘发现，小郑拿来要自己签的单，有一些开支不明不白，虽然额度都不是很大，但日积月累，一年下来也将是一笔不小的数。小刘对此心里没底。刚开始几次，她还就要不要签犹豫的时候，小郑就会在旁边很不耐烦地催促，说财务那边催得很紧，要小刘赶快签。

有一次，小郑拿来一些发票要小刘签单，小刘审核了一遍，发现其中又夹有几张超市的购物发票，上面写的名称是诸如日用品、洗头水甚至不粘锅电饭煲一类的东西，小刘就拿出来问是怎么回事。小郑非常不耐烦地说："问这么多干吗？你签就是了。"但小刘这次下决心不做这不明不白的事，就很坚决地只签了她认为没问题的票，而留下那几张超市购物发票。

小郑恼羞成怒，逼着小刘一定要签，小刘说："我不想签！"小郑最终失去耐心，他拍着小刘的桌子恶狠狠地说："你要为你的行为付出代价！你要知道！这是主任交代要我办的！"说完，拂袖而去。

案例中，小郑接替小刘的工作后，两人还是同级关系，小郑并没有权力对小刘的工作说三道四。应该说，小刘的决策选择是明智的，因为面对一些说不清楚用途的购物发票，小刘签了，就要承担相应的责任。小郑因为小刘的质疑而大发雷霆，解决不了什么问题，反而使自己与同事的人际关系更加恶化了。

在平级沟通中要做到人人都说好，十分不容易，必须把握好自身一言一行的分寸，注意以下几点：

第一，说话语气平和，用词恰当。常言道"说者无心，听者有意"。作为一个管理者，必须时刻注意自己的措辞。表达意思的时候，尽量多用"请"、"谢谢"等中性词或褒义词，少用"你给我……"等命令式语句；表示不同的意见或批评要委婉表达，切忌直接否定或嘲讽。

第二，为人低调，不要自吹自擂。平级之间通常都过高看重自己的价值，而忽视其他人的价值，有功劳，大家都去抢，遇到问题，则尽可能把责任推给别人，这些做法都不利于沟通。要敢于承认自己的不足，从对方的成功当中学习自身的经验，聪明管理者要善于学习别人的长处。对同级部门的支持配合要表示真诚感谢，有时一个眼神，一个问候，拍拍一下肩膀，表示一下谢意，也是非常重要的。

第三，不要随意与同事唱反调。与同事谈话，发表个人见解是可以的，但不能一味地唱反调以示聪明。有这种习惯的人，朋友、同事多半会疏远他，没有人肯向他提建议，更不敢进忠告。也许他本来是很不错的一个人，可不幸的是养成了爱与人抬杠、唱反调的习惯，结果别人都不喜欢他。如果同事提出一个意见时，即使不能表示赞同，最低限度也要表示可以考虑，不可马上反驳。

第四，适当恭维一下同事。在与同事进行语言沟通时，恭维的话说好了，不但能加强与同事的关系，还可以避免是非，甚至化解是非。爱听恭维话是人的天性。当人们听到对方的肯定和赞扬时，心中会产生一种莫大的优越感和满足感，自然也就会高高兴兴地听取对方的意见了。与同事相处，能发现每个人的特长和喜好，恰到好处的恭维，就可以起到融洽关系的作用。

4. 相互补台不拆台

俗话说："宁在人前骂人，不在人后说人。"意思是，别人有缺点或不足之处，你可以当面指出，令他改正，但是千万别当面不说、背后乱说。这样的人，不仅会令被说者讨厌，同样也会令听者讨厌。

平级沟通也很忌讳当面不说背后乱说，在背后说同事坏话的人，肯定没有好的人缘，因为他的话很容易传出去，他今天说这个同事不好，明天说那个同事不行，凡是有点头脑的人，都会这么想：这次你在我面前说别人的坏话，说不定下次你就可能在别人面前说我的坏话。这样一来，他就成为不可信任的人。

"互相补台，好戏连台；互相拆台，一起垮台"。同级部门之间合作的机会要远远多于竞争，按照博弈论的说法，他们合作的收益要大于不合作的收益。决定他们是否能合作的关键在于双方最初的善意举动，如果一开始双方就相互拆台，破坏彼此之间的信任关系，那么他们就会继续争斗下去，直至两败俱伤；如果双方一开始就表示出合作的态度，逐渐增加彼此的信任感，那么他们就会越来越团结合作。

管鲍之交

春秋时期，管仲和鲍叔牙是好朋友，管仲家里比较穷，鲍叔牙比较富有，但是他们之间彼此了解、相互信任。早年他们合伙做生意，管仲出很少的本钱，分红的时候却拿很多钱。鲍叔牙毫不计较，他知道管仲的家庭负担大，还问管仲："这些钱够不够？"有好几次，管仲帮鲍叔牙出主意办事，反而把事情办砸了，鲍叔牙也不生气，还安慰管仲，说："事情办不成，不是因为你的主意不好，而是因为时机不好，你别介意。"

管仲曾经做了三次官，但是每次都被罢免，鲍叔牙认为不是管仲没有才能，而是因为管仲没有碰到赏识他的人。管仲参军作战，临阵却逃跑了，鲍叔牙也没有嘲笑管仲怕死，他知道管仲是因为牵挂家里年老的母亲。

后来，管仲和鲍叔牙都从政了。当时齐国朝政很乱，王子们为了避祸，纷纷逃到别的国家等待机会。管仲辅佐在鲁国居住的王子纠，而鲍叔牙则在莒国侍奉另一个齐国王子小白。不久，齐国发生暴乱，国王被杀死，国家没有了君主。王子纠和小白听到消息，急忙动身往齐国赶，想抢夺王位。两支队伍正好在路上相遇，管仲为了让王子纠当上国王，就向小白射了一箭，谁知正好射到小白腰带上的挂钩，没有伤到小白。后来，小白当上了国王，历史上称为"齐桓公"。

齐桓公一当上国王，就让鲁国把王子纠杀死，把管仲囚禁起来。齐桓公想让鲍叔牙当丞相，帮助他治理国家。鲍叔牙却认为自己没有当丞相的能力。他大力举荐被囚禁在鲁国的管仲。鲍叔牙说："治理国家，我不如管仲。管仲宽厚仁慈，忠实诚信，能制定规范的国家制度，还善于指挥军队。这都是我不具备的，所以陛下要想治理好国家，就只能请管仲当丞相。"齐桓公不同意，他说："管仲当初射我一箭，差点把我害死，我不杀他就算好了，怎么还能让他当丞相？"鲍叔牙马上说："我听说贤明的君主是不记仇的。更何况当时管仲是为王子纠效命。一个人能忠心为主人办事，也一定能忠心地为君王效力。陛下如果想称霸天下，没有管仲就不能成功。您一定要任用他。"齐桓公终于被鲍叔牙说服了，把管仲接回齐国。

管仲回到齐国，当了丞相，而鲍叔牙却甘心做管仲的助手。在管仲和鲍叔牙的合力治理下，齐国成为诸侯国中最强大的国家，齐桓公成为诸侯王中的霸主。

没有鲍叔牙的推荐，管仲不会得到齐桓公的重用，没有管仲，鲍叔牙也不能辅佐齐桓公成为春秋霸主，他们亲密无间、彼此信任的关系成为千古传颂的佳话。

补台不拆台，要做到"面对面批评，背对背支持"，从以下几点培养自己：

首先，不随意批评同事，这是与同事达到友好沟通的首要原则。不得不批评的时候，要出于善意，说话要婉转，对其中有错误的地方应该指出，但做得正确的地方也应该加以赞扬，这样对方就会心悦诚服。

其次，严于律己，宽以待人。不斤斤计较个人得失，对人要忠厚、宽让。

最后，真诚待人，为对方着想。不要动辄以教训的口吻指责同事，要注意维护对方的自尊。

第二节 他/她的个性如何——沟通 客体的性格分析

每种性格都有好坏两方面，就是同一种性格也会因为程度不同，而有优劣之分，例如：活泼型的人非常健谈，令人羡慕，但如果过了头，总是不停地说，独霸整个谈话，打断别人，并且常常是信口开河；完美型的人充满分析的思考是天生的优点，他们常常得到头脑简单者的敬重，但过分的话，完美型的人容易钻牛角尖并表现得情绪低落；力量型的人具有雷厉风行的领导才能，但过分的话，这种人会表现得独断专横，操纵一切；和平型的随和个性使他们在任何群体中都受欢迎，但过分的话，这种人会表现得做什么事都毫不在乎，漫不经心，毫无主见。

人们在沟通中常会产生"晕轮效应"，也就是凭第一印象判断对方的人品好坏，如果对方一开始就被认为是"好"的，他就会被"好"的光圈笼罩着，并被赋予一切好的品质；反之，如果对方一开始就被认为是"坏"的，他就会被"坏"的光圈笼罩着，他所有的品质都会被认为是坏的。

在初次交往时，如果只盯着对方的缺点，不同性格的人彼此间可能会产生一些误解，例如：

● 完美型的人认为活泼型的人说话不算话，活泼型的人认为完美型的人过于较真；

● 力量型的人认为和平型的人做事不知急，和平型的人认为力量型的人过于暴躁。

但是，经过一段时间的沟通交流后，不同性格的人也会发现对方的一些优点，例如：

● 活泼型的人欣赏和平型的人做人很厚道，和平型的人欣赏活泼型的人天生浪漫；

● 力量型的人欣赏完美型的人做事很认真，完美型的人欣赏力量型的人敢做敢当。

孙权错失庞统

三国时期，皇室衰败，各路诸侯相互征伐，对人才求之若渴。庞统，字士元，襄阳人，与诸葛亮齐名，号称"凤雏"，为人恃才傲物，狂放不羁。他曾在周瑜帐下担任幕僚，因在赤壁之战中献连环计大破曹军有功，被推荐给孙权。

孙权刚一见到庞统时，就因为他"浓眉掀鼻，黑面短髯，形容古怪"而产生了不好的印象。加上庞统性格豪放，出言不慎，说自己的才学"不必拘执，随机应变"。于是，孙权觉得庞统太过轻狂，"与公瑾（周瑜）大不相同"，于是弃之不用。后来，庞统投靠刘备，为其出谋划策夺取荆州和西蜀，成为东吴的强大对手，孙权也为自己的误判人才付出了沉重代价。

孙权是完美型人格，比较重视礼仪和规矩，对人求全责备，不喜欢轻浮狂放的人；而庞统是力量型人格，注重实效，有强烈的成就欲望，言行锋芒毕露，不拘泥于形式。这两种性格类型的人相遇，刚开始彼此难免会产生摩擦，但是相处时间长了，他们的性格可能会优势互补，成为良好的工作团队。因此，在初次见面时，应尽量发现对方性格的积极面，宽容对待其性格方面的缺点，才能真正达到双方沟通的目的。

性格类型与思维方式

活泼型的人认为一因多果：做一件事，会有不同结果，有可能这样，也有可能那样，所以他们是经常变，变的是结果，明明答应你的事，过两天就忘了。

力量型的人认为一果多因：一个结果，可用多种方法，可以这样做，也可以那样做，所以他们也经常变，变的是方法，明明教你这样做，过两天要你那样做。

完美型的人认为一因一果：做一件事，只有这一个方法，而且必须按照这个方法去完成，喜欢做计划，做表格，制定规范，很难接受别人的意见。

和平型的人认为无因无果：任何事情，这样也好，那样也好，这样做也行，那样做也行，口头上应和，心里觉得不一定，如果大家这样，我就这样，大家都那样，我就那样。

了解对方的性格后，我们可以根据对方的心理特点，预先考虑采取适当的沟通策略，以便在见面及交流过程中赢得对方的好感，使沟通能顺利地进行，并实现既定的沟通目标，如表 3.1 所示。

表 3.1　不同类型的沟通对象，应采取的沟通战略及方法

沟通对象	沟通战略	沟通方法
活泼型	一起快乐 表现出对他们个人有兴趣	● 对他们的观点和看法，甚至梦想表示支持 ● 理解他们说话不会三思 ● 容忍离经叛道、新奇的行为 ● 要热情随和、潇洒大方一些 ● 协助他们提升形象 ● 细节琐事不让他们过多参与 ● 要懂得他们是善意的
完美型	一起统筹 做事要周到精细 准备充分	● 要知道他们敏感而容易受到伤害 ● 提出周到、有条不紊的办法 ● 具体实践诺言 ● 更细致、更精确和理智 ● 列出任何计划的长、短处 ● 务实 ● 不要越轨、遵循规章制度 ● 整洁是非常必要的
力量型	一起行动 讲究效率和积极务实	● 承认他们是天生的领导者 ● 表示支持他们的意愿和目标 ● 从务实的角度考虑 ● 坚持双向沟通 ● 要具有训练有素、高效率的素质 ● 方案分析简洁明确，便于选择 ● 开门见山、直切主题 ● 重结果与机会、不要拘泥于过程与形式
和平型	一起轻松 成为一个热心真诚的人	● 要懂得他们需要直接推动 ● 帮助他们订立目标并争取回报 ● 迫使他们做决定（他们决定的方式） ● 主动表示对他们情感的关注 ● 不要急于获得信任 ● 有异见时，从感情角度去谈 ● 放慢节奏、不拘礼节 ● 积极地听，鼓励他们说

第三节 他/她要听什么——沟通客体需求分析

● 客体定位：客体需要什么？

● 自我定位：我能给他们什么？

● 沟通策略：如何把"需要"和"提供"结合为一体？

● 有效管理沟通的本质：换位思考。

一、马斯洛需求层次理论

亚伯拉罕·马斯洛（1908～1970）在 1943 年发表的《人类动机的理论》中提出了需要层次论。这种理论的构成根据三个基本假设：第一，人要生存，他的需要能够影响他的行为。只有未满足的需要能够影响行为，满足了的需要不能充当激励工具。第二，人的需要按重要性和层次性排成一定的次序，从基本的（如食物和住房）到复杂的（如自我实现）。第三，当人的某一级的需要得到最低限度满足后，才会追求高一级的需要，如此逐级上升，成为推动继续努力的内在动力。马斯洛理论把需求分成生理需求、安全需求、社会需求、尊重需求和自我实现需求五类，依次由较低层次到较高层次。

二、ERG 理论

Clayton P. Alderfer 的 ERG 理论，最初出现于 1969 年他发表在《心理学评论》（Psychological Review）上的一篇文章——《人本需求新说的经验性研究》（An Empirical Test of a New Theory of Human Need）。ERG 理论将人类核心需求分为三个层次，生存需求：生理和安全需求（如饥饿、干渴和性），亦即马斯洛理论中的前两个层次的需求。相互关系需求：社会与外部尊重的需求（体现在与家庭成员、朋友、同事以及雇主的关系上），亦即马斯洛理论中的第三和第四层次的需求。成长发展需求：内在尊重与自我实现的需求（富有创造力地、高效地完成有意义的工作任务的热望），亦即马斯洛理论中的第四与第五层次的需求。

马斯洛需求层次理论认为，较低层次的需求必须在较高层次的需求满足之前得到充分的满足，恰恰相反，Alderfer 的 ERG 理论认为人的三种需求同时发挥作用。ERG 理论同时承认三种需求对于每个个体的重要性可能各有不同。管理人员必须认识到员工有多重需求，必须同时得到满足。

根据 ERG 理论，如果在一段时间内仅仅着眼于满足员工的某个单一需求，那么员工的积极性是不可能被有效调动起来的。此外，ERG 理论还认为，当满足较高层次需求的企图受挫时，会导致人们向比较容易满足的、较低层次需求的回归。这就是所谓的"受挫—回归"原则。这一原则对研究员工动机有很大影响。例如，如果员工的成长发展需求得不到满足，那么他就会退回到相互关系需求，追求与其他同事建立更为紧密的社会关系。如果管理者能够及早意识到这一点，就可以采取行动帮助下属尽可能满足受挫的需求，从而使他们能够继续向上发展。

三、双因素理论

双因素理论，又称激励保健理论（Motivator – Hygiene Theory），是美国的行为科学家弗雷德里克·赫茨伯格（Fredrick Herzberg）提出来的。双因素理论认为引起人们工作动机的因素主要有两个：一是保健因素，二是激励因素。只有激励因素才能够给人们带来满意感，而保健因素只能消除人们的不满，但不会带来满意感。所谓保健因素，就是那些造成职工不满的因素，它们的改善能够解除职工的不满，但不能使职工感到满意并激发起职工的积极性。它们主要有企业的政策、行政管理、工资发放、劳动保护、工作监督以及各种人事关系处理等。由于它们只带有预防性，只起维持工作现状的作用，也被称为"维持因素"。所谓激励因素，就是那些使职工感到满意的因素，唯有它们的改善才能让职工感到满意，给职工以较高的激励，调动积极性，提高劳动生产效率。它们主要有工作表现机会、工作本身的乐趣、工作上的成就感、对未来发展的期望、职务上的责任感等。

四、成就需要理论

成就需要理论是由美国哈佛大学教授戴维·麦克利兰（David McClelland, 1917~1998 年）通过对人的需求和动机进行研究，于 20 世纪 50 年代在一系列文章中提出的。麦克利兰经过 20 多年的研究得出结论说，人类的许多需要都不是生理性的，而是社会性的，而且人的社会性需求不是先天的，而是后天的，得自于环境、经历和培养教育等。很难从单个人的角度归纳出共同的、与生俱来的心理需要。时代不同、社会不同、文化背景不同，人的需求当然就不同，所谓"自我实现"的标准也不同。他认为在生存需要基本得到满足的前提下，人的最主要的需要有成就需要、亲和需要、权力需要三种平行的需要，这三种需要在人们需要结构中有主次之分，作为人们的主需求在满足了以后往往会要求更多更大的满足，也就是说，拥有权力者更追求权力、拥有亲情者更追求亲情、而拥有成就者更追求成就。同时，由于他认为其中成就需要的高低对人的成长和发展起到特别重要的作用，所以很多人就称其理论为成就需要理论。

五、公平理论

公平理论又称社会比较理论，它是美国行为科学家斯塔西·亚当斯在《工人关于工资不公平的内心冲突同其生产率的关系》（1962，与罗森合写）、《工资不公平对工作质量的影响》（1964，与雅各布森合写）、《社会交换中的不公平》（1965）等著作中提出来的一种激励理论。该理论侧重于研究工资报酬分配的合理性、公平性及其对职工生产积极性的影响。该理论的基本要点是：人的工作积极性不仅与个人实际报酬多少有关，而且与人们对报酬的分配是否感到公平更为密切。人们总会自觉或不自觉地将自己付出的劳动代价及其所得到的报酬与他人进行比较，并对公平与否做出判断。公平感直接影响职工的工作动机和行为。因此，从某种意义来讲，动机的激发过程实际上是人与人进行比较，做出公平与否的判断，并据以指导行为的过程。

公平理论可以用公平关系式来表示。设当事人 a 和被比较对象 b，则当 a 感觉到公平时有下式成立：$op/ip = oc/ic$，其中：op——自己对所获报酬的感觉；oc——自己对他人所获报酬的感觉；ip——自己对个人所做投入的感觉；ic——自己对他人所做投入的感觉。

公平理论对我们有着重要的启示：首先，影响激励效果的不仅有报酬的绝对值，还有报酬相对值。其次，激励时应力求公平，使等式在客观上成立，尽管有主观判断的误差，也不致造成严重的不公平感。最后，在激励过程中应注意对被激励者公平性心理的引导，使其树立正确的公平观。一是要认识到绝对的公平是不存在的，二是不要盲目攀比，三是不要按酬付劳，按酬付劳是在公平问题上造成恶性循环的罪魁祸首。

为了避免职工产生不公平的感觉，企业往往采取各种手段，在企业中造成一种公平合理的气氛，使职工产生一种主观上的公平感。如有的企业采用保密工资的办法，使职工相互不了解彼此的收支比率，以免职工互相比较而产生不公平感。

公平理论认为，当员工感到不公平时，你可以预计他们会采取以下六种选择中的一种：①改变自己的投入；②改变自己的产出；③歪曲对自我的认知；④歪曲对他人的认知；⑤选择其他参照对象；⑥离开该领域。

公平理论还指出，以下四种做法与报酬的不公平性有关：①如果根据时间计酬，感到报酬过高的员工会比感到报酬公平的员工有更高的生产率。②如果根据产量计酬，感到报酬过高的员工会比感到报酬公平的员工产量低但质量高。③如果根据时间计酬，感到报酬过低的员工的产量更低，质量也更差。④如果根据产量计酬，感到报酬过低的员工会比感到报酬公平的员工产量高而质量低。

六、期望理论

期望理论是由北美著名心理学家和行为科学家维克托·弗鲁姆（Victor H. Vroom）于 1964 年在《工作与激励》中提出来的激励理论。弗鲁姆认为，人们采取某项行动的动力或激励力取决于其对行动结果的价值评价和预期达成该结果可能性的估计。换言之，激励力的大小取决于该行动所能达成目标并能导致某种结果的全部预期价值乘以他认为达成该目标并得到某种结果的期望概率。用公式可以表示为：$M = \sum V \times E$。M 表示激发力量，是指调动一个人的积极性，激发人内部潜力的强度。V 表示效价，是指达到目标对于满足个人需要的价值。E 是期望值，是人们根据过去经验判断自己达到某种目标或满足需要的可能性是大还是小，即能够达到目标的主观概率。

七、目标设定理论

目标设定理论是美国心理学家洛克（E. A. Locke）于 1967 年最先提出的。他认为目标本身就具有激励作用，目标能把人的需要转变为动机，使人们的行为朝着一定的方向努力，并将自己的行为结果与既定的目标相对照，及时进行调整和修正，从而能实现目标。目标设定理论提出，目标是一个人试图完成的行动的目的。目标是引起行为的最直接的动机，设置合适的目标会使人产生想达到该目标的成就需要，因而对人具有强烈的激励作用。重视并尽可能设置合适的目标是激发动机的重要过程。

目标设定理论预测当目标困难增加会使一个人的工作业绩提高，直到到达业绩的顶峰，而对困难目标缺乏认同感的个体，企业业绩降低或者很差。目标设定理论（Lock & Latham, 1990）认为：第一，目标要有一定难度，但又要在能力所及的范围之内。第二，目标要具体明确（例如，对于写一篇文章来说，完成 70% 要比仅仅试着做做要好得多）。第三，必须全力以赴，努力达成目标。如果将你的目标告诉一两个亲近的朋友，那么，就会有助于你坚守诺言。第四，短期或中期目标要比长期目标可能更有效。比如，下一星期学完某一章节，可能比两年内拿一个学位的目标好很多。第五，要有定期反馈，或者说，需要了解自己向着预定目标前进了多少。第六，应当对目标达成给予奖励，用它作为将来设定更高目标的基础。第七，在实现目标的过程中，对任何失败的原因都要抱现实的态度。人们有将失败归因于外部因素（如运气不好），而不是内部因素（如没有努力工作）的倾向。只有诚实对待自己，将来成功的机会才能显著提高。

案例练习 1

你的一名女雇员工作热情和效率一直都很高，每次都能圆满地完成工作指标，你对她的工作十分放心，不必予以监督。最近你给她分配了一项新的工作，认为她完全有能力胜任这项工作。但她的工作情况却令人失望，而且还经常请病假，占用了很多工作时间，你怎么办？

- 客体定位：客体需要什么？
- 自我定位：我能给他们什么？
- 沟通策略：如何把"需要"和"提供"结合为一体？

案例练习2

你刚刚晋升为车间主任，在你被提升以前，生产平稳发展，但现在产量下降，因而你想改变工作程序和任务分配。但是，你的职员不但不予配合，反而不断地抱怨说他们的前任老板在位时情况是如何如何的好。你怎么办？

● 客体定位：客体需要什么？

● 自我定位：我能给他们什么？

● 沟通策略：如何把"需要"和"提供"结合为一体？

第四章 管理沟通的渠道与媒介

"未来竞争是管理的竞争，竞争的焦点在于每个社会组织内部成员之间及其与外部组织的有效沟通上。"

——约翰·奈斯比特

第一节　正式沟通与非正式沟通

随着通讯科技的飞速发展，沟通途径与媒介给人们提供了非常丰富的选择。对于现代企业来讲，管理者需要结合正式沟通渠道和非正式沟通渠道的优缺点，同时要充分考虑组织的行业特点和人员心理结构，建立包含正式沟通和非正式沟通的各种沟通通道，以使组织内各种沟通都能够及时准确而有效地实现。目前国内大多数企业的组织内部管理沟通还是停留在指示、汇报和会议这些传统的沟通方式上。而这些沟通方式已经不能顺应现代社会经济的发展、组织成员心理结构以及需求层次的变化要求。

在正式沟通渠道方面，定期的领导见面和不定期的群众座谈会制度，就是一种很好的正式沟通渠道，它能切实有效地解决上述存在的问题。领导见面会是由于下层一些有思想有建议的员工经过多次由正常途径向上层提出意见而未得到有效回复而展开的，让他们有机会直接与主管领导沟通。与领导见面会相比，群众座谈会是由上而下发起的，上级领导是沟通的主动方。企业管理者认为有必要获得第一手的关于员工真实思想、情感等信息时，而又担心通过中间渠道会使信息失真而采取的一种领导与员工直接沟通的方法。至于企业领导者具体采用何种形式，则需要根据组织的实际情况来决定。

在非正式沟通渠道方面，联谊会、聚会、郊游等形式都未尝不是良好方式。这些方式就是充分发挥非正式渠道的优点，又因它们都属于一种有计划、有组织的活动，所以组织领导者容易控制，从而大大减少了信息失真和扭曲的可能性。

第二节　书面沟通与口头沟通

用于组织日常管理的沟通方式和途径分文字沟通与口头沟通。文字沟通有：指示、指令、文件、通知、备忘录、信函、请示、报告、板报等。口头沟通有：会议、座谈、面谈、接待日等。除此之外，另外一些沟通方式和途径也是非常重要的。比如，员工手册（指南）、企业杂志、报刊、简报、电视、广播等。通讯技术和计算机技术的发展为组织管理沟通提供了便利、快捷、广泛等优势。任何一种沟通方式和途径都有它的特点和优势，也有不足。我们在选择沟通方式和途径时要依据沟通的目标、任务、对象等因素选择有效的沟通渠道。近些年来，管理沟通方面出现了值得注意的现象，一些企业在正式沟通与非正式沟通的界限上逐渐模糊。许多企业建立扁平化组织结构，倡导直接面对面沟通，在沟通的形式上打破过去层级管理的链式沟通形态，减少中间环节，提高管理沟通的效率。比如，美国通用电气公司第八任总裁，世界著名 CEO 韦尔奇创立的"解决问题"、"群策群力"等活动，以及克顿维尔"洼坑"演讲厅，都为实现公司最终目标"建设无藩篱障碍的公司"而优化其公司内外沟通的经典案例。

人们通常使用的沟通方式主要有口头沟通、书面沟通、非语言沟通和电子媒介沟通等，这些沟通方式各有优缺点，分别适用不同的沟通对象、环境和范围（见表4.1）。

表4.1　四种主要沟通方式的比较

沟通方式	适用范围	优点	缺点
口头沟通	交谈、讲座、讨论会、电话	快速传递、快速反馈、信息量很大	传递中经过层次越多，信息失真越严重，核实越困难
书面沟通	报告、备忘录、信件、文件、内部期刊、布告	持久、有形，可以核实	信息量有限，效率低，缺乏反馈
非言语沟通	身体动作、语调、空间、距离	信息意义十分明确，内涵丰富、含义含蓄、灵活	传递距离有限，界限模糊，只能意会，不能言传
电子媒介沟通	传真、闭路电视、计算机网络、电子邮件	快速传递，信息容量大，一份信息可同时传递给多人	单向传递，电子邮件可以交流，但看不到表情

管理界有句名言"没有记录等于没有发生"，在企业内部沟通中，经理

人所有的口头决定和指令应尽可能书面化，部门之间的协调也要有正式的函件，这样信息传递会准确到位，而且有据可查，有利于提高企业的执行力。但是，经理人在表达不满或对下属进行批评时，应采取口头沟通方式，使受批评的人有所警醒，又不太伤害其自尊，更容易被接受，假设"邮件门"中陆经理用非正式的口头沟通方式批评其秘书，就不会引起轩然大波了。

大部分管理比较规范的公司在处理不胜任或表现不佳的员工时，通常从一开始以口头沟通的方式进行，若仍然无法改善，则逐步以书面记录的方式，共同制订改善的期限与目标，要求员工达成。倘若仍然无法达成目标，此时人资部门便会介入处理，进行调动职务的辅导或离职意愿的沟通。

第三节　沟通网络的特点

企业内部沟通还要注意利用不同沟通网络的特点，制订周密的沟通计划，以便更快更好地实现沟通的目标。

沟通网络有五种类型：链型、Y 型、轮型、环型和全渠道型。

1. 链型网络

在链型网络中，相关层次非常清楚，信息由上至下或由下至上逐级传递，但沟通的双方是单线联系，团体中心人物只和两个成员交换信息，再由他们与相近的成员之间进行沟通。链式团体网络，还可以是双链或多链结构。链型网络中每个成员只能向上或向下两个方向进行沟通，沟通的自由度和范围都比较小。

2. Y 型网络

Y 型网络的层级也比较清楚，信息也是逐级进行传递，团体领导处于不同位置，其沟通方式也有所不同。包括单型和多链型等。Y 型网络由于主管位置不同，可派出另外一些结构形式，但其内涵和分析的方法是一样的。

3. 轮型网络

轮型网络中，一个主管向多个下级进行信息的沟通，但下级成员之间的沟通很少，几乎是闭塞的，这适合那些传统组织及部门中，以科层为代表的形式，在这种状况下领导实行严格的集权和控制，任务也是分配型的，因此处于领导位置的主管为了解团体的全面情况，倾向于采取这种关系方式。

4. 环型网络

在这种结构中，成员的沟通较为自主和自由，相互之间形成了一个封闭的环，这样每个成员之间都直接或间接地发生关系或进行沟通。而且在这个环境中，信息的反馈过程非常明显，不管主管处于哪个位置，发生的信息总要反馈到他所处的地方，这种反馈对于促进沟通的有效性有积极作用。在这种环型网络关系中，团体表现出平等关系，企业员工在这种关系中是协商互助的状态，沟通线路非常开阔。

5. 全渠道型网络

在环型网络中，如果每两个成员之间都进行直接的沟通就成为全渠道型团体。在这种团体中，成员享受完全的沟通自由，任何两个成员之间可以直接沟通，处于平等的地位，团体领导人或中心人物作用不明显。这种网络信息沟通的速度最快，是一种全方位的团体沟通结构。在当前企业组织结构和管理创新的过程中，通过网络化组织、团体自主管理和流程再造，企业内部越来越推崇全渠道式的团体网络结构。

表 4.2 五种沟通网络比较

沟通网络	轮式	Y 式	链式	环式	全渠道式
沟通图式					
速度	快	中	中	慢	快
准确性	高	高	高	低	中

沟通网络	轮式	Y式	链式	环式	全通道式
士气	低	中	中	高	高
领导明确性	高	高	中等	中等	低
成员满意度	低	低	中等	中等	高
工作质量					
任务复杂	低	低	中等	中等	高
任务简单	高	高	中等	中等	中等

模板：沟通计划表

制定详细的沟通辅助工作表。在沟通中，除了当事人之外，通常还会涉及其他的小物品或应注意的小细节，这些细微的工作同样需要事先做好准备。以下是应该考虑到的辅助工作明细表。

有效沟通辅助工作明细表

项目	具体细节
地点	选择的地点合适吗？
	地点需要预订吗？
	需要通知参与人员吗？
设备	是否需要投影仪、小册子或其他的小物品？
	参与人员要做记录吗？
	需要准备饮料和点心吗？
时间	大概要进行多长时间？
	具体定在什么时间？
	能保证中途不被打扰吗？

项目	具体细节
书写工作	是否已经查阅过所有相关的书写资料？
	拿到了所有相关文件吗？
	需要做记录吗？
关于自己	正如确认别的资源已经到位一样，你也要保证自身的准备工作已经做好。
	迟到或衣冠不整等于告诉所有在场人员，你连最起码的准时也未能做到，那么你说的话又能有多大的影响呢？
	由以上原因引起的任何急躁、疑惑或压力都会分散你的注意力。
	力争提前五分钟到场并检查一下相关的各个细节，稍微放松一下你自己。

第五章　有效倾听与反馈

"上帝给我们两只耳朵，一个舌头，为的是让我们多听少讲。"

——第欧根尼（Diogenés）

"首先细心倾听他人的意见。"

——松下幸之助

"我只盼望能找到一所能够教导人们怎样听别人说话的学院。假如你要发动人们为你工作，你就一定要好好听别人讲话。作为一名管理者，使我最感满足的莫过于看到某个企业内被公认为一般或平庸的人，因为管理者倾听了他遇到的问题而使他发挥了应有的作用。"

——艾柯卡（Lee Iacocca）

第一节 什么是倾听？

倾听（listening）是接收口头和非语言信息、确定其含义和对此做出反应的过程。

——国际倾听协会

说到"听"，人们往往想到的就是人的听觉器官对声音的生理反应，认为只要耳朵听到对方的话音，就达到了"听"的目的。

其实，倾听的内涵非常丰富。在古汉语中，听的写法为"聽"，从字面上分析，首先是偏旁中的"耳"，指的是语言中的信息大多是通过耳朵获取的，语速、语气、语调的变化都能体现出一定的信息，捕捉这些微小的变化都要依靠您的耳朵。但是仅仅用耳朵倾听是远远不够的，还需要全身上下积极配合，共同来捕捉和解读对方传达的信息；其次是在偏旁"耳"的下面有个"王"，指的是在倾听的过程中，要关注对方，以对方为主。在部首右边，有个"四"，这是"目"的异体写法，代表眼睛，指的是倾听过程中，一定要用到眼睛，通过眼睛可以和对方保持目光上的交流，传达一些微妙的思想和情感。观察对方的身体姿势，也能分析出一些有用的谈话信息。同时，在字的右下方，还有一个"心"，指的是听不仅仅是外在器官的参与，更是内心的关注，要用心体察对方的真实意图，这样才能明白对方话语的意思。

西方谚语说："用十秒钟时间讲，用十分钟时间听。"中国也有句老话叫："说三分，听七分。"可见在语言沟通中，"会听"甚至比"会说"还重要。在对《财富》排行榜500强企业的一项调查中，59%的被调查者回答他们对雇员提供倾听方面的培训。研究者还发现，在良好的倾听技巧和工作效率之间存在着直接的联系，接受了倾听能力训练的雇员比没有经过这项训练的雇员工作效率高得多。

倾听是企业管理沟通中的关键环节，善于倾听的管理者可以给员工留下良好印象，激励他们畅所欲言，这样不仅可以让管理者获得重要的信息，更有助于管理者做出正确的决策。同时，对于对缺乏经验的管理者，倾听还可以增长知识和经验，减少或避免因为不了解情况而出现失误。

倾听是管理者与员工沟通的基础。在现实中，很多人并没有真正掌握"听"的艺术。史蒂芬·柯维博士认为倾听主要有五种连续的层次，如图5.1所示。

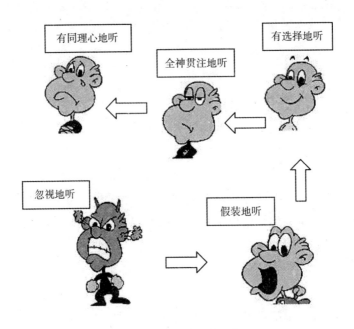

图5.1 倾听的五个层次

第一个层次是听而不闻，或是完全不用心倾听。可以用忽视对方来形容，心不在焉，只沉迷在自己的世界里，对方的话如同耳边风，不管有没有听到，都是完全没听进去。

第二个层次是假装在倾听。可能会用身体语言假装在听，嘴里还敷衍着"嗯……喔……好好……哎……"甚至重复别人的语句当作回应，其实是心不在焉。

第三个层次是选择性地倾听。确实在聆听，也能够了解对方，但会过分沉迷于自己所喜欢的话题，只留心倾听自己有兴趣的部分，与自己意思相左的一概自动消音，过滤掉。

　　第四个层次是专注地倾听。能够全心全意地凝神倾听，要专心聆听确实要花费不少精力，可惜始终从自己的角度出发，即使每句话或许都进入大脑，但是否都能听出说者的本意、真意，仍然值得怀疑。

　　第五个层次是运用同理心倾听。就是能够设身处地倾听，撇下自己的观点，进入他人的角度和心灵。一般人聆听的目的是为了做出最贴切的反应，根本不是想了解对方。所以同理心的倾听的出发点是为了"了解"而非为了"反应"，也就是透过交流去了解别人的观念、感受。试比较下面情景中，管理者的倾听方式。

情景 A：第一层次"忽视"地倾听

　　下属：嗨！老板，我刚听说又要更换颜色，那么我们刚持续生产了30分钟，又要把设备拆洗一遍，我和伙计们都不情愿。

　　老板：Bubba，你和你的伙计们最好别忘了谁在这儿说了算。该做什么就做什么，别再抱怨了！

　　下属：我们不会忘掉这事儿的！

　　情景 A 中的老板，显然在拒绝倾听下属的建议。这是倾听的第一层次——听而不闻，或是完全不用心倾听，老板忽视下属的话，完全没听进去下属的话，而且粗暴地打断下属的话，使下属无法说完自己的想法。当然，这种做法造成了很坏的后果，下属们对此次沟通非常不满意。

情景 B：第五层次"运用同理心"地倾听

下属：嗨！老板，我刚听说又要更换颜色，那么我们刚持续生产了 30 分钟，又要把设备拆洗一遍，我和伙计们都不情愿。

老板：你们真的为此感到不安吗，Bubba？

下属：是的，这样我们得多做许多不必要的工作。

老板：你们是觉得这类事情实在没必要经常做是吗？

下属：喂，也许像我们这种一线部门没法儿避免临时性变动，有时我们不得不为某个特别顾客加班赶订单。

老板：对了，在现在的竞争形势下，我们不得不尽一切努力为顾客服务，这就是为何我们都有饭碗的原因。

下属：我想你是对的，老板。我们会照办的。

老板：谢谢，Bubba。

情景 B 中，老板采用的是第五层次的倾听方法，运用同理心来倾听下属的建议，收到了非常好的效果。既表示出对下属建议的理解，也让下属了解了当前的情况，得到了下属的支持，是一次非常良好的沟通。

第二节 倾听的障碍来源

要想真正做到有效倾听，就要先了解哪些障碍会干扰到倾听，进而找出解决的办法。影响倾听的因素很多，按其来源可以分为主观障碍和客观障碍。

一、主观障碍

在沟通的过程中，造成沟通效率低下的最大原因就在于倾听者本身。研究表明，信息的失真主要是在理解和传播阶段，归根结底是在于倾听者的以下主观因素：

（1）自我为中心。人们习惯于关注自我，总认为自己才是对的。在倾听过程中，过于注意自己的观点，喜欢听与自己观点一致的意见，对不同的意见往往是置若罔闻，这样往往错过了聆听他人观点的机会。

（2）先入为主的偏见。先入为主具有巨大的影响力。如果你臆断某人愚蠢或无能，你就不会对他们说的话给予多少关注。

（3）急于表达自己的观点。许多人认为只有说话才是表白自己、说服对方的唯一有效方式，若要掌握主动，便只有说。在这种思维习惯下，人们容易在他人还未说完的时候，就迫不及待地打断对方。

（4）心不在焉，转移话题。如果注意力不集中，那么你只会把一部分注意力放在倾听上；如果你觉得对方的话无聊或让你感到不自在，可能会改变话题或者讲笑话，终止对方谈话的思路。

如果你在沟通中出现一种或一种以上下面的情况，你就应该注意改善自己的倾听技能了。

● 打断对方讲话，以便讲自己的故事或者提出意见。

● 没有和对方进行眼神接触。

● 任意终止对方的思路，或者问了太多的细节问题。

● 催促对方，同时接打电话、写字、发电子邮件等。

表5.1　不同倾听者在相同情境下的不同反应

情境	好的听者	差的听者
寻找感兴趣的领域	寻找对个人有启迪的内容和信息 照顾到可能感兴趣的新主题	排斥枯燥的主题 兴趣领域很窄
忽略传递错误	关注内容和含义 忽略传递问题，只对其中的信息敏感	传递质量差就不认真听了 由于沟通对方的个人特征而不接受

情境	好的听者	差的听者
延迟做判断	避免快速地判断 等待，直至完成核心信息的理解	快速地评价并做判断 不对反面的信息显示灵活性
听主意、观点	听主意和观点，注意要点	听过程和细节
记笔记	用多种记笔记和记录的方法来做记录	不记录或记录不完整
主动回应	经常以点头和"哦"、"噢"等来回应 显示主动的身体姿态	被动的行为 无回应、很少能讲出自己的观点
抵制干扰	抵制各种干扰，长时间集中精力 对较重的字眼能看得比较开	很容易被干扰，集中精力时间短 集中在重要和感情色彩较重的字眼
挑战你的思想	用较困难的材料来刺激思想 寻求扩展自己的理解	躲避困难的材料 不想扩大知识面
利用思维的速度	利用听的时间对信息进行总结和预计 像关注显性的信息一样关注隐含的信息	遇慢速说话者时做白日梦 思维被其他思想占领
帮助和鼓励说话者	澄清一些信息或要求举例 用一些回应式的词语，或帮助重述观点	打断，并问一些小小的问题 做一些使人分心的评述

测试：倾听主观障碍自我测试

倾听主观障碍自我测试表

倾听主观障碍	具体表现	是/否
懒惰	你是否回避听一些复杂、困难的主题？ 你是否不愿听一些费时的内容？	
封闭思维	你拒绝维持一种轻松、赞许的谈话气氛吗？ 你拒绝与他人观点发生关联或从中受益吗？	
固执己见	你是否在表面上或者内心里与发言者发生争执？ 当发言者的观点与你有分歧时，你是否表现得情绪化？	

续表

倾听主观障碍	具体表现	是/否
缺乏诚意	你在听讲时是否避免眼神接触？ 你是否更多地关注说话人的内容而不是他的感情？	
厌烦情绪	你是否对说话主题毫无兴趣？ 你是否总对说话者不耐烦？ 在听讲时你是否做着"白日梦"，或者想着别的事情？	
用心不专	你是否关注说话人的腔调或习惯动作，而不是信息本身？ 你是否因机器、电话、别人的谈话等噪声分心？	
思维狭窄	你是否专注于某些细节或事实？ 你是否拼命想理出个大纲来？	

二、客观障碍

如果环境比较嘈杂，噪声很大，会让人烦躁不安，无法集中注意力，严重影响倾听的效果。根据不同环境的特征，可以把倾听的客观障碍分为以下几种类型：

环境特征及倾听障碍类型

环境类型	封闭性	氛围	对应关系	主要障碍
办公室	封闭	严肃、认真	一对一，一对多	不平等造成的心理负担，紧张，他人或电话打扰
会议室	一般	严肃、认真	一对多	对在场他人的顾忌，时间障碍
现场	开放	可松可紧、较认真	一对多	外界干扰，事前准备不足
谈判	封闭	紧张、投入	多对多	对抗心理，说服对方的愿望太强烈
讨论会	封闭	轻松，友好，积极投入	多对多，一对多	缺乏从大量散乱信息中发现闪光点的洞察力
非正式场合	开放	轻松，舒适，散漫	一对一，一对多	外界干扰，易走题

第三节　倾听的艺术

倾听是人主动参与的过程。在这个过程中，人不断在思考、接收、理解，并作出必要的反馈。要用心、用眼睛、用耳朵去听。正如在中医中常用的"望""闻""问""切"四种诊断方法一样，倾听中只有做好了这个步骤，才能实现有效的倾听。

一、"望"

《灵枢·本脏篇》说："视其外应，以知其内脏，则知所病矣。"望，是中医四诊中的第一诊，指的是医生运用视觉来观察病人全身或局部的神、色、形、态的变化，进而来判断病情。"望"，即用眼睛看，在倾听中，它不仅指的是要观察对方的兴趣所在，情绪如何，也包含着通过目光，向说话人传递你的关注，你有兴趣听他说话，你正在认真了解他谈话的内容。

在倾听中，"望"对于观察对方的真实意图，缩短与沟通者间的情感距离，都起着至关重要的作用。我们在第一章"认识管理沟通"中曾提到过"CEO 和普通中层管理者能力差异调查表"，其中两者间最大的差距，就在于 CEO 在视觉上的快速和准确性，要远远胜过普通的中层管理者，也就是说 CEO 们拥有更强的审时度势和察言观色的能力，他们可以在第一时间，看出当下的形势，找出事态的发展方向，了解他人的情绪，进而做出正确的决定。

孔子曾经说过"未见颜色而言之，谓之瞽"。就是指，如果一个人不能够察言观色，了解他人情绪状态，而胡乱地说话，与他人沟通，就会像瞎子一样辨不清方向而到处碰壁。

二、"闻"

中国有句老话叫"锣鼓听声，说话听音"，"闻"就是用耳朵听对方说话。不仅仅要去听对方说话的内容，更要去听别人在语音、语调上表达出来的真正用意。

想要做到有效的"闻"也不容易，需要有足够的耐心。善于听的人，在听的过程中绝不会打断对方讲话，要控制好自己的情绪，把注意力都放在积极倾听对方的谈话上面。如果沟通者不具备这些控制力，谈话就会中断，还会产生破坏性的争执。既要沉着冷静地去听，又要心甘情愿地去听，还要怀同理心地去听，只有这样，才能做好"闻"这个步骤。

"闻"在方法上也是有讲究的，要和蔼、亲切、面带微笑，时不时给予鼓励和赞许的点头等，不单单是用耳朵听，而是全身心都在接受信息。

三、"问"

问诊，在中医中是指通过询问来了解病情和病史的重要方法，在四诊中占有重要的位置。倾听中的"问"，对了解真实情况，以及与对方良性互动，也有着重要的作用。倾听中要适时择机来提出让对方感兴趣的问题，而不是挑剔对方没说清楚什么东西。

如果提问的时机不当，很可能会使沟通中断，或者达不成最终沟通目的，同时还可能会引起对方的反感，所以提问时一定要谨慎小心。具体要注意以下几点：

1. 理解对方的谈话，需要设身处地地为对方着想

首先，要理解对方的谈话。提问的前提肯定是认真倾听对方的谈话内容，并且理解它。不但要理解对方的谈话内容，还要理解对方传达出的情感，有时甚至还需要准确把握对方的言外之意。做到了这些，你的提问才有了坚实的基础。

其次，思考需要提出的问题。当你在倾听对方的谈话时，依据谈话内容和其他信息，肯定会有一些疑问或者需要确认自己的理解是否正确，这就需要你把这些疑问或者自己的理解表达出来，得到对方的解答或者确认。

最后，提问要把握好恰当的时机。当你理解了对方的谈话内容，正确把握了对方的情感，明确了你要提问的问题时，一定不要着急，等对方充分表达完后，再提出来也不迟。这样可以表示出你对对方的尊重，同时也避免了打断对方谈话的思路。提问的时机也不可太迟，如果某个话题已经说过很长

时间了，你再反过来提问，对方的思路会重新被打断，认为你没有认真倾听，并且也会延长沟通的时间，势必对你的沟通产生不好的影响。

2. 提问要注意适度

任何事情都有一定的适用范围，如果超出了这个范围，事情就会变质。提问也不例外，如果你的提问超出了一定的限度，不但容易使对方产生反感，而且还会影响到你的沟通效果。所以在提问时需要掌握以下几个技巧：

第一，提问的内容要适度。提问需要结合对方的谈话内容，来提出相关的问题。所有的问题都必须紧紧围绕谈话的主题，如果你提出的问题和对方的谈话内容无关，或者关系不大，对方会认为你没有认真倾听，从而对你产生不好的印象或者某种误解，对双方的有效沟通和人际关系也会有负面影响。即使对方不介意这些，一些漫无边际的问题也会大大延长沟通时间，但是却毫无沟通效果可言。

第二，提问的数量要适度。提问的数量不可过多，如果你提出的问题没完没了，肯定会使对方厌烦，但是，问题也不可以太少，如果没有什么问题，对方因得不到相关的信息反馈，同样会对你的倾听效果和态度产生疑问。所以提问时如果疑问过多，可以依据问题的相关内容和逻辑关系把它们整合在一起；如果没有疑问时，为了配合对方，也可以把自己理解的意思用问题的形式表达出来，以得到对方的确认。

第三，提问的速度要适度。提问的速度也会影响沟通的效果，如果速度过快，对方很可能听不清你的问题，来不及对问题做出及时反应，还会引发一种紧张的氛围。如果速度过慢，会让对方觉得不耐烦，失去和你沟通的兴趣和信心。所以，提问的速度既要保证首先能让对方听清楚你提出的问题，又必须做到依据沟通的场所和特定的情境及提问的对象来确定速度的快慢。

第四，提问的语气要适度。说话的语气也能传递一些重要的信息，所以提问时语气的合适与否同样会影响到沟通的效果。语气的轻重缓急能表达出你当时的心情与感受，无形中传递给对方更多的信息，所以提问时一定要注意自己的语气要和想要表达的感情相吻合，这样会使提问更加有效。

第五，提问的方式要适度。提问有两种方式：一种是开放式提问，另一种是封闭式提问。开放式提问给对方回答的空间比较大，能得到比较多的信息，但回答所需的时间也比较长；与前一种明显不同的是，后一种封闭式提问只用简单的是与否就能回答，得到的答案比较明确，回答的时间也比较短。所以在提问时要依据具体需要和时间安排来确定哪一种是你最需要的提问方式，也可以将两种提问方式结合起来一起使用，充分利用两种提问方式的独特优势，来分别弥补各自的不足。请看下面的两个案例：

案例 1：冲在最前面的记者

美国好莱坞拍的电影《乱世佳人》收获了巨大成功，这也让女主角费雯丽一举成名。这部电影获得了十一项奥斯卡提名。费雯丽风光无限地去欧洲巡演的时候，她的班机降落在伦敦停机坪上，成千上万的记者在下面围着。有这么一个没有眼色的记者，很激动地冲到最前面，采访刚刚走出旋梯的费雯丽："请问，你在这部电影里面扮演了什么角色？"

听了这一句话，费雯丽转身就进了机舱，再也不肯下来了。

费雯丽之所以会生气地转身回了机舱，就是因为一举成名后的她，满心欢喜地认为，那些蜂拥而至的记者们，都是她的影迷，是因为喜欢她的表演，才来机场迎接的。可她怎么也没想到，这个冲在最前面的人，连她扮演了什么角色都不知道，这实在是太打击费雯丽的自尊心了。从中我们也能看出，一个愚蠢的问题会带来多么大的恶果。等待已久，难得的一个采访机会，就这样被一个愚蠢的问题葬送。同时，也让被采访者受到很大的伤害，以至于她不愿意再面对其他的记者了。

案例 2：采访运动员

赵东升是上海电视台的一名记者。在他刚开始做记者时，曾采访过一名华裔英国女运动员，了解到她的老家在北京，在采访时赵东升连续问道：

"你父亲是北京人吗？"

"你这次打算去北京吗？"

"你准备再见一见在北京的亲戚吗？"

面对记者提出的一连串问题，运动员只简单地回答了"Yes"或"No"。

为了能了解更多的信息，他不得不转换了提问方式，问道："你准备怎样把北京亲戚的问候带到英国去呢？"面对这个问题，运动员滔滔不绝地谈了起来。赵东升这才如愿地了解到了她的很多想法，对这名运动员有了一个比较全面的认识，这次采访也因后一种恰当的提问方式而获得了成功。

可见，"提问"是门学问，问得好，可以让沟通更加有效，问得不好，就会造成沟通障碍，甚至使沟通中断。

四、"切"

切诊包括切脉和按诊，是切按病人的脉搏和触按病人的皮肤、手、腹部、四肢及其他部位以诊断疾病的方法。"切"在日常生活中经常被人们称之为"把脉"，往往是对问题的最后诊断。在倾听过程中，"切"是对"望"、"闻"、"问"之后的整体把握，指的是综合出全部信息，来找准问题根源。只有切准要害，才能找到正确的解决方法。因此，"切"讲究准，要细心地分析，透过现象看本质。

综合来说，在倾听过程中，"望"用的是"眼睛"，"闻"用的是"耳朵"，"问"用的是"口舌"，而"切"则是用"心"参与的过程。所以，倾听是全身心参与的过程。

倾听客户的回报

于聪是一家大型电器生产厂家的销售部经理，最近他了解到公司最新推出的一批产品有问题，接到客户投诉的情况特别多。为了能尽快解决这个问题，他把所有的客户投诉都仔细分析了一遍，并走访了部分投诉客户。在倾听客户的抱怨时，他表示了极大的同情和理解，并且保证在最短的时间内解决目前产品的质量问题。客户感受到了厂家真诚的态度，表示继续支持本产品。通过于聪的努力，不但没有使公司的名誉受到损害，而且为生产部门迅速解决产品质量问题争取到了宝贵的时间。一个月后，新产品的所有问题都得到了圆满解决，不但公司的销售业绩没有下降，还赢得了"想客户所想，急客户所急"的好口碑。

微软公司 CEO 鲍尔默的领导艺术：再忙也要学会倾听

● 记者问："作为一名领导者，你还有哪些地方需要改进？"

● 鲍尔默："我很忙。我的大脑时刻不停，即使听完一个人说的事情，但不能真正消化理解这些东西，人们都会认为你没有在认真倾听。有时就是这样，你忙于琐事没法倾听。这就是我大脑工作的方式，它总是在不停地接受、分析、思考、理解、反应。话说回来，如果你真想激励人干好工作，那就必须倾听他们所说，并让他们感觉到你是在倾听。所以说，我得学着适时慢下来，在这方面多做改进。这对我及周围的人都有好处。"

自我测试 1：倾听技能评价

倾听技能评价表

总体不符合打 1 分，一般不符合打 2 分，偶尔不符合打 3 分，一般符合打 4 分，总是符合打 5 分		
序号	倾听表现	你的表现
1	在倾听他人谈话时，我很难区分清楚重要和次要的观点	
2	在倾听时，注意检查那些与自己了解到的不一样的信息	
3	在倾听时，我知道别人在说些什么	
4	在倾听时，我敏于体察他人的情感	
5	在倾听时，我在考虑下一步要说什么话	
6	在倾听时，我关注自己与他人之间的沟通过程	
7	我不能等待他人讲完话就表明自己的观点	
8	当我与他人沟通时，尽力去理解那些被创造出来的含义	
9	我注意洞察别人是否理解我的话	
10	当我不确定别人的意思时，我请他详述	

自我测试 2：倾听习惯自测

请根据你在最近的会议或聚会上的真实表现填写，对以下 15 个题目，每个问题回答是或否。

倾听习惯评价表

倾听表现	你的选择
1. 我常常试图同时听几个人的交谈。	
2. 我喜欢别人只给我提供事实，让我自己做出解释。	
3. 我有时假装自己在认真听别人说话。	
4. 我认为自己是非言语沟通方面的高手。	
5. 我常常在别人说话之前就知道他要说什么。	
6. 如果我不感兴趣和某人交谈，我常常通过注意力不集中的方式结束谈话。	
7. 我常常用点头、皱眉等方式让说话人了解我对他说话内容的感觉。	
8. 常常别人刚说完，我就紧接着谈自己的看法。	
9. 别人说话的同时，我也在评价他的内容。	
10. 别人说话的同时，我常常在思考接下来我要说的内容。	
11. 说话人的谈话风格常常会影响到我对内容的倾听。	
12. 为了弄清对方所说的内容，我常常采取提问的方法，而不是进行猜测。	
13. 为了理解对方的观点我总会下功夫。	
14. 我常常听到自己希望听到的内容，而不是别人表达的内容。	
15. 当我和别人意见不一致时，大多数人认为我理解了他们的观点和想法。	

自我测试3：倾听时非语言习惯评估

你在倾听对方谈话时有没有类似以下不恰当的行为，如果有填写"是"，如果没有填写"否"。

倾听行为	是否存在	你的改进计划
爱看自己的脚		
爱盯着自己的表		
喜欢摆弄手边的一些小东西		
习惯一直盯着对方的眼睛		

倾听行为	是否存在	你的改进计划
习惯看着对方脑门		
心里想的和表现出来的面部表情总是不一致		
习惯跷着二郎腿坐		
习惯两臂交叉于胸前		
习惯双手叉腰		
遇到和自己说话风格不一致的人便无法沟通		

上述习惯，都是倾听中不恰当的非语言习惯。请在回答后仔细考虑一下，你需要如何调整选择"是"的这些不当的倾听行为呢？

第六章 口头沟通练习

　　说话是一门重要却往往被人们忽略的艺术。良好的口才，可以让人倾心于你，交结更多的朋友，替你开辟人生之路，让你获得幸福美满。

——戴尔·卡耐基

一、口头沟通的类型与特点

1. 口头沟通的类型

口头沟通的类型有：交谈方面，聊天、谈心、面试、洽商；即兴发言方面，介绍、欢迎词、祝酒词、口头报告；演讲方面，劝导、告知、交流、分析、激励。

2. 口头沟通的特点

口头沟通的优点有：即时性，双向交流，及时反馈，信息比较综合，可传递带有情感色彩或表明态度的信息。

口头沟通的缺点有：受环境因素影响较大，信息传递容易失真。

二、口头沟通的原则

1. KISS

Keep It Short and Simple.

2. SOFTEN

● S——微笑（Smile）

● O——准备注意聆听的姿态（Open Posture）

● F——身体前倾（Forward Lean）

● T——音调（Tone）

● E——目光交流（Eye Communication）

● N——点头（Nod）

美国前任国务卿鲍威尔关于说话的秘诀

● 急事，慢慢地说；

● 大事，清楚地说；

● 小事，幽默地说；

● 没把握的事，谨慎地说；

● 没发生的事，不要胡说；

● 做不到的事，别乱说；

- 伤害人的事，不能说；
- 讨厌的事，对事不对人地说；
- 开心的事，看场合说；
- 伤心的事，不要见人就说；
- 别人的事，小心地说；
- 自己的事，听听自己怎么说；
- 现在的事，做了再说；
- 未来的事，未来再说。

如果对我有不满的地方，请一定明说。OK？

自我测试：如何说

自我测试：如何良好地进行口头沟通
第一题：请公寓的房东粉刷墙壁 　　A：我们已经住了3年了，多少照顾一下我们吧！ 　　B：比起我们付的房租，这点费用真是微不足道。 　　C：我们也会帮忙的。 　　D：最近我有几个朋友来做客，他们也考虑到这里租房子，如果喜欢就住下来了。
第二题：你在宴会中想使一个醉鬼安静下来 　　A：明天一清醒，你会后悔的。 　　B：那边有一个漂亮的小姐在看呢，安静一点吧，我给你介绍一下。 　　C：你还不知道，大家都在看你呢。 　　D：安静一点，不要那么大声好不好！ 　　E：刚才听说你在最近的乒乓球大赛中获得优胜，可以说说详细情况吗？

自我测试：如何良好地进行口头沟通
第三题：你儿子的成绩不及格，他的老师知道大部分的作业都是你代做的，可是你却和他商量要求让你的儿子及格 A：可是我的儿子确实是用功的，请给他加点分奖励奖励吧！ B：你们的校长是我朋友呢！ C：是我糊涂，怪我不是，请给他一个发愤图强的机会吧！ D：葛优最近要来我家，到时候我给你介绍一下。 E：只要这科让他及格，他就会进入最好的大学。
第四题：你正在为一慈善事业募捐，对方却是个吝啬成性的人 A：只要你捐一点钱，我就给你两倍数额的收据，你可以少付很多税。 B：我想本地的问题由本地人来解决，不要让官方插手来加税，不知你意下如何？ C：请你理解，这是身为市民应尽的义务。 D：如果你捐了，就是给我面子了。 E：这是十分有意义的慈善活动。
第五题：暴徒拿枪顶着你的背，你不想让他抢你的钱 A：你真倒霉，我恰好没有带钱包。 B：小心点，我是空手道高手。 C：老天爷，这可是我一个月的血汗钱哪！ D：拜托拜托，没有钱，回家如何向老婆交代。 E：我的钱包在后面裤子的口袋里，尽管拿去吧！
第六题：你的老资历的同事高升了，却需要与你携手合作，你更愿接受他哪种方式说法 A：这份工作只有靠你的协助才能进展。 B：上司快要退休了，我接了他的缺后，就提拔你。 C：真惭愧，他们提升了我，其实你才是最合适的人选。 D：现在我是上司，今后请听我的命令行事。 E：这是你的新的机会，可要表现你的才能哟！

自我测试：如何良好地进行口头沟通
第七题：你的儿子想看电视，你却想要他练钢琴 　　A：你若弹得好，爸爸会多开心呀！ 　　B：好孩子该听话的，每个人都不得不做一些不喜欢做的事情呀！ 　　C：我们来约好吧，我让你看完这个节目，你就乖乖练琴。 　　D：你把琴练好了，会很讨人喜欢的。 　　E：不练琴，那学费不是白交了。
第八题：你的秘书有一个约会，你却不得不请她加班工作 　　A：把约会取消吧，打完这份报告，我请你吃饭。 　　B：上头吩咐，今天一定要将报告发出去。 　　C：我明知这是不情之请，可是事非得已，拜托啦！ 　　D：必须打完这个报告，否则你还是回过去的打字部。 　　E：我相信这项工作只有你才可以做好。
第九题：你想劝你的妻子（或丈夫）一起去度假 　　A：今天我见了王大夫，他说你得休息休息。 　　B：你常常为工作出差旅行，我想你也该为自己旅行一次了。 　　C：你说，到风景宜人的九寨沟休息十天，不是很好吗？ 　　D：亲爱的，我好想去度假，想死了。 　　E：不是很妙吗，只有我们两个一起去度假。
第十题：你超速行驶，想请警察通融通融 　　A：仅此一次，请高抬贵手吧！ 　　B：我这有 600 元钱，就算了吧，别记录了。 　　C：也许你不相信，我一直都是很守规矩的。 　　D：可能是稍稍开快了一些，我只是一时糊涂，没有觉察而已。 　　E：实在是迫不得已，我有个急事非快不可啊！

第七章　掌握非语言沟通

"人们的脸直接地反映了他们的本质，假若我们被欺骗，未能从对方的脸上看穿别人的本质，那么被欺骗的原因是由于我们自己观察不够。"

——德国哲学家斯科芬·翰尔

"面部的表情是多少世纪培养成的语言，是比嘴里讲的复杂千百倍的语言。"

——罗曼·罗兰

第一节　解读非语言

一、非语言沟通的内涵与作用

非语言沟通是指通过身体动作、体态、语气语调、空间距离等方式交流信息、进行沟通的过程。加州大学洛杉矶分校的一项研究表明，个人行为表现给人的印象中：7%取决于用词，38%取决于声音和声调，55%取决于非语言交流。

在非语言沟通中，沟通双方没说一个字，而通过衣服的选择、面部表情、姿势或任何其他非语言信号就能进行信息交流。

深谙人际沟通之道的人，往往对别人的非语言行为具有特别敏锐的感觉能力，即从最细微的地方观察对方，发现其真实想法，例如，他有没有偷偷看手表，显示时间已到？他有没有用手摸脖子后面，表示不耐烦？他会不会坐着的时候不停抖腿，表示他的不安？他握手时，手上是不是又湿又冷，表示他的紧张？他说话时，敢不敢看着我的眼睛，表现他的诚意和自信？

在日常的生活和工作中，非语言沟通主要有以下三种功能。

第一，非语言沟通可以重复或加强我们的有声语言信息。比如，当我们说"不"、"是"、"再见"的时候，会分别做出摇头、点头和摆手的动作。在人际沟通中，非语言信息能够很好地对有声语言信息进行补充。比如，你想表达你对对方友好的态度时，温柔亲切的声音、温和的目光或者一些能够表示友好的身体接触都可以对有声语言进行补充；当我们在进行批评的时候，如果还是面带笑容，就会给人很不严肃的感觉，对方也不会把你的批评当回事。曾经有一位律师要求他的当事人去法庭的时候，脱去华丽的套装，改穿朴素、宽松的外衣，以此在法庭上强调他对其所受伤害的陈述。

第二，非语言信息还具有调节的功能。非语言信息可以帮助调解沟通的方向和氛围，通过目光接触、身体位置、音调的调换等行为来控制语言交流的过程。非语言信息的这种调节功能同时具有主动性和目的性。这种调节可以表现在很多方面：当对方欲言又止时，你可以用目光给予鼓励；当双方发生不愉快时，微笑和调侃的语调就能使气氛有所缓解和放松；当一方对谈话表现得淡漠或者是有些抵触时，另一方利用身体位置上的远近就可以加重别人的反感或者是重新赢得对方的好感。和有声语言相比，身体语言包含了无比丰富的内涵和意义，所以也常会造成一些误会。不同动作的含义，我们会专门分析。

第三，非语言信息可以代替语言信息。很多时候，非语言信息的替代，可以表达比有声语言更为强烈的信息。"此时无声胜有声"这句常为人们引用的唐诗，表明一种不需要语言去传递、表达或感受到的某种情境或情愫，仔细分析，这种境界竟然有其心理学的原因。心理学家霍尔认为，无声语言所表达的意义要比有声语言更多，更深刻。一张笑脸可能传递给我们快乐、自信、美丽、幸福或者更多有声语言所无法描述的信息内容。当一个人处在最痛苦、最沮丧的时候，使用有声语言来安慰会显得不协调和多余，此时你只需要拍拍对方的肩膀，或者握住对方的手、轻轻地拍拍对方的肩膀就足以表现安慰之意了。只有更多地掌握人类非语言信息沟通的技巧，并且熟练地应用于工作生活当中，沟通才会变得更加简单自然。

二、学会看人脸色

如我们在前面讲到的，察言观色、审时度势的能力是高管人员与普通经理人之间最大的能力差异。孔子曾说过的"未见颜色而言之，谓之瞽。"指的就是，不会察言观色就乱说话、随意沟通的人，可以被称为"瞎了"。

1. 真笑还是假笑

奥地利因斯布鲁克大学的心理学家埃娃·本宁格尔·胡贝尔介绍说，人类之所以要笑，是源自社会交往互动的需要，笑是调节社会关系的重要手段之一，也是一种正面积极的情绪反应。微笑是面部的一种无声的表情，但却有着丰富的内涵，在人与人的相处中，大家都希望看到笑脸。到新企业工作，希望看到同事的笑脸；跟上司汇报工作时，期待着满意的微笑；回到家里时，希望看到亲人温馨的笑脸；工作上出了差错时，也希望看到理解和谅解的微笑。微笑是沟通感情、缓解矛盾最好的手段，微笑沟通是成功的基础，是善意的标志。

会心的微笑是人们表现心灵美的最好方式，是友好的象征，是文化、风度和涵养的具体表现。要想说服别人，首先要知道如何打动他的心，情动心自然动，而最能赢得别人好感的肢体语言就是发自内心的微笑。这种微笑就是沟通中最好的心理武器。平时在用微笑传递信息的时候要注意：自然得体，真诚自然，不要虚情假意地笑，也不要不笑装笑，硬挤出来的笑会令人反感，倒胃口。

无论在哪种文化下，人们都会轻而易举地判断出，哪张图片上的笑脸是发自内心的笑，哪张图片是为难、强装出来的笑。请判断图 7.1 的图片中，哪些属于真笑，哪些属于假笑。

图 7.1　真假笑图片比较

答案是图中 A、D 的笑容是真心的笑容，B、C 的笑容为假笑。你看出来了吗？有研究结果表明，鉴别真心笑容与礼节性的假笑其实很简单，当一个人发自内心地微笑时，他的嘴部肌肉会产生运动，眼睛上挤，眉毛微微下弯。但当假笑时，他所动用的却是不同的面部肌肉。在这种情况下，他的嘴巴通常会向外扩张，而眼睛的运动则非常微小。人在假笑时只是嘴角上翘，而真笑时不光嘴角上翘，眼角上部的肌肉会向下弯曲，这是科学家给出的解释。

2. 眼睛会说话

"人的眼睛和舌头说的话一样多，不通过字典，却能从眼睛的语言中了解一切。"

——爱迪生

人们常说眼睛是心灵的窗户，它具有反映深层心理活动的功能。人们会用眼睛传递喜怒哀乐，也会表达关注与冷漠。眼睛既可以倾诉情感，又能帮助人与人进行心灵的沟通。会沟通的人，一定要学会使用"会说话的眼神"，恰当运用眼神来传递沟通信息，这将会实现更有效的沟通。眼神这种传递无声信息的一种手段，是所有肢体语言中最生动、最复杂、最微妙，也是最有表现力的。在与人沟通时，眼睛里充满热情、真诚的信息，恰当地利用眼神交流，就会让对方感到你那种欢迎和尊重的态度，同时会让对方感觉你是个可以信赖的人，会更可能把真心话跟你谈。具体有如下表现：

首先，要保证有稳定的目光接触，这是谈话的关键。与人交谈时，视线接触对方脸部的时间应占全部谈话时间的 30%～60%，超过这一平均值，可认为对谈话者本人比谈话内容更感兴趣，低于此平均值，则表示对谈话内容和谈话者本人都不怎么感兴趣。然而稳定并不意味着一直都盯着别人看，眨眼睛和目光的扫视都是正常的和不可少的。在倾听对方谈话时，几乎不看对方，那是企图掩饰什么的表现；眼神闪烁不定反映出精神上的不温柔和性格上的不诚实；不愿双目交接者，是由于心中隐藏着某件事而有所歉疚；睁大眼睛看人是对对方感兴趣的表示。眨眼也属于注视方式之一：眨眼一般每分钟 5～8 次，若眨眼时间超过 1 秒钟就为闭眼、眨眼时间超过 1 秒钟表示厌烦，在 1 秒钟之内连续眨眼几次，是神情活跃、对某事物感兴趣的表现，有时也可理解为由于个性怯懦或羞涩，不敢正眼直视而为。有资料介绍，在一对一的谈话中，目光接触保持 6～20 秒，较为合适，在群组会议中，单个人的时间就要少一些（3～6 秒），因为你需要忙着与组内的每个人交流。频繁地注视，是在表示对对方的好感和重视，不屑一顾或者很少注视对方，则表示反感和轻视。生活中人们之间的接触不存在公式，与之相应的是，如果你和对方越是熟悉，关系越是融洽，双方就会保持越长时间的目光接触，而双方不会感到不舒服。

其次，看正确的地方。在交谈时，正视对方，是尊重对方的表现，斜视，则是藐视对方的表现；眨眼睛或者眼神闪烁，也许是表示羞愧、内疚，也可能是他撒谎的表现；视线向下，表现父母心理状态；视线向上，表现出尊敬、敬畏和撒娇等纯粹以自我为中心的儿童心理状态；保持平视，则是基于理性与冷静思考和评价的成人心理状态。一般说来，要直视倾听者的脸、眼睛附近的部分。看他的脸上部或下部时，你不仅不能吸引他的注意力，并且还会让他感到不舒服。经过心理学家研究证实，人在说谎的时候瞳孔会自然放大，小孩还会伴随不停眨眼睛的现象。

有报纸上曾刊登，某家《财富》500 强企业的首席执行官准备在电视摄像机前向观众报告公司未来的经营情况。但他在提到预期利润时，眼神一直是向下的，这给电视机前的很多观众传递了一个错误的信息，令华尔街的观察家们对此公司的前景预期大打折扣，因而此公司的股票在之后的几个交易日里连续下降了 4 个百分点，股价直到两年以后才有所好转。但事实上，这位首席执行官之前所做的利润预期在后来被证明是相当准确的。

最后，要了解瞳孔的放大和缩小这一微小身体动作。一般说来，瞳孔的放大传递出正面的信息，缩小则传递出负面的信息。例如，产生爱、喜欢或兴奋等情绪时，瞳孔就会放大；而产生戒备、愤怒的情绪时，瞳孔就会缩小。

此外，NLP 的专家们还总结出这样一个规律，在别人回答你问题的时候，仔细观察他眼球的转动，你就可以看出他是在记忆里面搜寻答案呢，还是在大脑中构建答案。见下表中的图示：

眼球转动方向与内心反应

1. 视觉回忆  眼球转向"左上方"，是在思考记忆中的图像。 例如：回忆你假期旅行途中看到的景色，这是真实的回忆。	2. 视觉想象 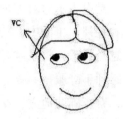 眼球转向"右上方"，是在思考构想出的、想象中的图像，亦指编造故事、说谎。 例如：想象你飘在空中，你染着蓝色的头发。
3. 听觉回忆 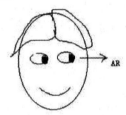 眼球转向"左"边，思考记忆中的声音。 例如：你最喜欢的音乐、浴室流水的声音。	4. 听觉想象 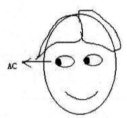 眼球转向"右边"，是在思考构想出的声音。 例如：你的上司以唐老鸭一样的嗓音跟你说话；猫的尖叫声。
5. 内部对话  眼球转向"左下方"，是在思考自己与自己的对话。 例如：在发表某重要的言论前，你自言自语。	6. 思考感受  眼球转向"右下方"，是在思考某种感觉或内心的感受。 例如：丝绸的触感；感到自信或忧伤。

这些是习惯用右手的人最寻常的一些眼球运动,当然也会有些例外。习惯用左手的人眼球运动往往与前者正好相反。当然这仅仅是心理学家们研究出的一个大概的规律,并不适用于每一个人。因此在沟通的时候,一定要注意沟通双方的目光接触,这样才能达到沟通的互动性,而不是一方单纯的语言叙述。无论是说话的人还是听话的人,谁都不愿意看到目光散漫、无精打采的眼神。礼貌恰当的注视,会让沟通的双方都有被尊重的感觉。

3. 揭开表情的面纱

在人类的非语言信息中,面部表情是其中很重要的一部分,沟通专家罗伯特曾经说过:"如果我必须在关注身体和关注面部表情之间做出选择的话,那我会选择面部。"同时心理学家也研究证明,面部对于情感效应刺激所产生的反应最明显。人类几乎会把所有的感情反应都表现在脸上,比如,惊讶、恐惧、厌恶等。

面部表情就像心绪的晴雨表。在与对方沟通之前,你的心情如何?是高兴还是难过,是兴奋还是平静?当开始与对方进行沟通时,你的心情又如何?是欢喜还是厌烦?是胆怯还是无所谓?这些内心的感受一般都会表现在你的脸上。如果你表现出的面部表情达到了对方的预期,那么,就会给对方留下良好的第一印象。就如前面我们刚刚提到的,同样是笑容,由于面部表情不同,人们很快就会分辨出是真笑假笑,人们在沟通过程中,往往会注意到很多细微的面部表情,凭借这些,可以判断对方的情绪以及传达信息的可信性。表 7.1 列出了面部表情,及其具体的含义。

表 7.1 面部表情及其含义

面部表情	具体含义
抿嘴唇	表现出意志坚定

面部表情	具体含义
抿紧嘴唇，并同时避免接触他人目光 	心中有某种秘密，不想暴露
嘴自觉地张着，呈现出倦怠、疏懒的样子 	可能对自己所处的环境感到厌烦
噘着嘴 	不满意和准备攻击对方的表示
嘴角稍稍向上拉 	注意倾听对方谈话
咬嘴唇 	自我惩罚，有时表明自我解嘲或内疚

续表

面部表情	具体含义
嘴角下拉	失败时的动作，不满和固执
眉头紧锁	不赞成或反对
扬起眉头	不赞成或怀疑
毫无表情	被动地，心不在焉

4. 体态秘语

人们通过观察对方的身体语言可以获得55%的信息，同样，人们也在有意无意中大量地使用身体语言来表达自己的信息。有些身体语言既可以表达精神意义，又可以表达生理感觉，比如"抓头"这个动作，可能是表示搔痒、擦汗，也可能是忘记或者是在撒谎。有些动作则主要表达精神意义，比如"耸肩"或者是"摊手"，可能表达的意思是莫名其妙，漠不关心，无可奈何或者屈从等。为了避免误会，我们必须结合当时的环境、谈话的内容等其他客观因素，来判断真正的词义。一个人在听到自己没有被招聘单位录用的消息后，尽管嘴上说"没有什么"，但是他咬紧嘴唇、眉头紧皱还有失神的目光，都可以表示他说的并不是真话，内心里还是很在乎这份工作的。当非语言信息与语言信息发生矛盾时，非语言信息就会否定语言信息。在日常的沟通与交际中，要学会解决语言与非语言之间的矛盾，这样才能帮助我们更好地理解别人话语中的真意，避免一些误会和错误。

"体态秘语"一词源于扑克游戏，指玩家无意中透露出来的消息。打牌时，玩家极力隐瞒自己手中的纸牌，以及自己要采取的策略。打牌要掌握两种基本技巧，一种是不动声色的能力，这样，其他的玩家不知道你拿的是一手烂牌，还是同花大顺。这是保持一张"扑克脸"（ Poker face ）的能力，即完全保持高深莫测的能力。另一种基本技巧是解读人们行为的能力——通过观其行、察其言，弄清他们手中到底握着什么牌。作为一位扑克玩家，你要从其他玩家的行为中寻找他们暴露内情的蛛丝马迹，与此同时，其他的玩家也在绞尽脑汁地误导你。反之亦然，当其他玩家尽其所能地弄清你的阴谋诡计时，你也在手忙脚乱、竭尽全力地确保你不能向他们透露任何消息，或者这样做时，你要使他们误入歧途。

扑克玩家可以以某种方式改善自己的玩技，比如学着识别对手的诸种行动之间的联系，识别他们手中纸牌之间的联系，识别他们每次出牌之间的联系。玩家还要学着观察微小的事物，诸如对手握牌、看牌和叫牌的方式，注意他都用手做了些什么动作，他是如何摆弄他的眼镜的——这些潜在的体态秘语是无穷无尽的。麦克·卡罗（ Mike Caro ）终其一生都在研究扑克游戏中的体态秘语，研究玩家泄露自己隐秘的种种方式，这些方式包括叹息、哼哼、敲手指、为争取时间而故意拖延、检查手中的纸牌并大摆迷魂阵等。有好几部电影，诸如《赌场》（ House of Games ）和《赌王之王》（ Rounders ），都有这样的场景。在那里，随着情节的展开，有人发现了扑克游戏中的体态秘语。例如《赌王之王》中就有一场戏，在那场戏里，主角迈克（由马特·达蒙［Matt Damon］扮演）要与俄国恶棍特迪·克格勃（由约翰·马尔科维奇［John Malkovich］扮演）最后摊牌。打牌时，特迪喜欢掰开奥利奥饼干，然后吃下。迈克最终赢了，因为他破解了那个俄国人的体态秘语：如果他在耳边掰开饼干，那他肯定拿了一手好牌；如果他在面前掰开饼干，那就意味着他要迷惑对手。

扑克玩家还有很多东西要考虑。除了决定下一步的行动，他们还要持之以恒地努力瓦解其他玩家的企图，不让他们看穿自己。同时又要千方百计地看破其他玩家可能采取的防卫措施。虽然这些看上去乱糟糟的，但与我们平时与人打交道时的所作所为相比，也没有什么特别复杂之处。在日常生活里，与他人相遇，我们也总要努力规划自己的形象，当然别人也是如此。当他们努力搞清楚我们在想什么时，我们也在努力弄明白他们的心思。与那些扑克玩家一样，我们的成功机遇的多少，完全取决于我们在面对他人时感觉是否敏锐，能否识别和理解他们的体态秘语。

近年来，越来越多的专家学者，致力丁身体语言的研究，总结出很多非常有意义的研究成果。我们选中重要的观点，与大家分享。

（1）头部姿势。

头部姿势是人们在沟通过程中，判断是否同意及心情状态的重要依据。如垂头往往是体力与精力不支的表现和苦恼情绪的反映，昂头则反映一种自信的状态。

在大多数文化中，都会认为"点头"是表示肯定的意思，"摇头"是表示否定的意思。只有少数国家，如印度有着相反的习惯。点头除表示"是"、"肯定"之外，有时仅是向说话者表示"应和"的意思。认真地、有节奏地"应和"，是向对方表示"我正在注意倾听你说话"，若是机械地应和，频频点头，至多表示形式上的敬意和礼貌，实际上对说话的内容不感兴趣。

（2）手势。

手势是运用手指、手掌和手臂动作的变化来表达的一种无声语言，是一种表现力很强的姿态语言，变化形态多样，不仅能辅助自然有声语言，有时甚至还可以用手势代替自然有声语言，因此人们将手势语言称为"口语表达的第二种语言"。很多手势所表达的含义是我们已经约定俗成了的，如举手表示赞同，摇手表示反对，招手表示呼唤，摆手表示再见，摊手表示坦诚，搓手表示为难，拱手表示礼节等，下表列出了沟通时不同手势的含义。

手势及其含义分析

手　势	含　义
手臂交叉放在胸前 	表示不愿意与人接触、防卫
握拳 	表示向对方挑战，或自我紧张的情绪
用手指或笔敲击桌面，或在纸上乱涂乱画 	表示对对方的话题不感兴趣、不赞同或不耐烦

续表

手 势	含 义
两手指交拢放置于胸前上方呈尖塔状 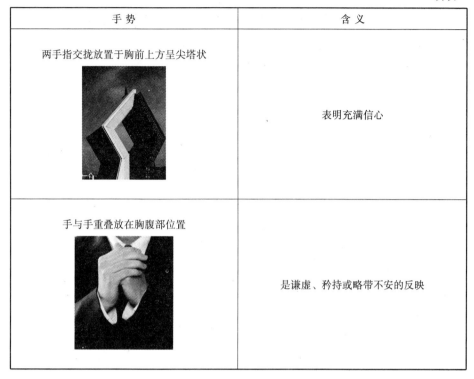	表明充满信心
手与手重叠放在胸腹部位置 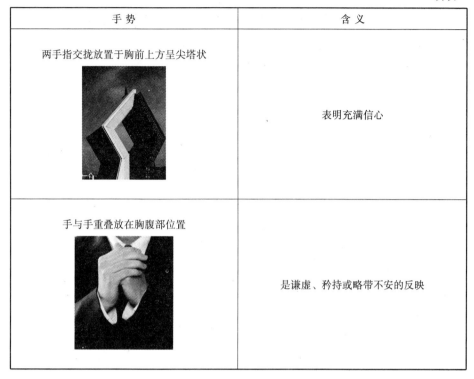	是谦虚、矜持或略带不安的反映

此外，还有一些表现其他特殊意义的手势，例如：

● 表现出威胁性的手势：

最常见的例子就是手指指向他人，或者用拳头敲桌子。这些行为经常是信息强硬的部分体现，会让你表现得具有攻击性而不是自信。这种行为胁迫倾听者，即使他们不反感，也绝不是积极的促进因素。

● 讲话时没有手势：

有时人们讲话时把双手插进口袋里，有的人将双手放在桌子下面，有的人双手交叉紧紧贴放在腿上。当你表达信息时，如果双手看起来好像不受支配或者不出现在视觉范围内，你就放弃了为积极吸引他人注意力可以使用的最强有力的因素。如果不使用手势，你表现得呆板而羞怯——这种行为会让你陷入退让式的讲话方式。

● 坐立不安的手势：

这种情况下，双手不停地在动，比如，摆弄纸夹子、钢笔、铅笔，或者是手头能拿到的任何东西。别人对你说话时，你的双手显示出很多信息，它们会引起这样一种感觉：你的注意力在别的地方，你太紧张了而不能投入或理解全部信息。

● 握手时的手势：

握手是由双方互相伸右手彼此相握，握手的时间应保持 1～3 秒，刚接触到就松开，是冷淡和疏远的表示；紧紧握住不放，也会引起对方的反感；握手时对方掌心出汗，表示对方处于兴奋、紧张或情绪不稳定的状态；若用力握对方的手，表明此人好动、热情，凡事比较主动；手掌向下握手，表示想

取得主动、优势或支配地位；手掌向上是性格软弱，处于被动、劣势或受人支配的表现；用两只手握住对方一只手并上下摆动，往往表示热烈欢迎、真诚感谢或有求于人。在握手的同时，还要适当地配合其他势态语言，如头部微低，眼睛注视对方，面带微笑。

（3）站姿。

站姿是指身体直立着说话的姿态，沟通时的站姿往往会透露出人们的情绪和想法。

● 鞠躬、弯腰，表示谦逊或尊敬之意，如果心理上自觉不如对方，甚至惧怕对方时，就会不自觉地采取弯腰的姿势。

● 腰板挺直，腰部和背部保持直线状态，说明此人情绪高昂、充满自信、自制力强。相反，双肩无力下垂，凹胸凸背，腰部下塌，则反映出此人疲倦、忧郁、消极、被动、失望等情绪。

● 双手横插腰间，表示胸有成竹，对自己面临的境况已做好精神上或行动上的准备，同时也表现出以势压人的优势感和支配感。

● 胯骨放松，两腿稍微分开，身体重心在两只脚上不停地交替，会显得轻松自如。

● 胸部挺起，两腿站直，双手自然下垂，双目平视表示精神振作；双手自然地相交于背后，就更显得精神饱满；双手扣在裤线，全身肌肉紧绷，则显得拘谨和胆怯。

● 弯腰驼背，两手无力，甚至脑袋低垂，是精神不振或意志消沉的表现。

（4）坐姿。

有些话在不方便开口直说的情况下，可以采用坐姿来暗示，比如在谈判进展顺利、气氛友好时，对方突然提出苛刻的条件，你又不想破坏已经建立起来的友好关系，就不妨采用突然把背向后靠、双臂环抱的坐姿，暗示对方你的耐心有限，原定的目标是不能改变的。

● 坐姿的变化还可以增加说话的活跃气氛，增强说话的效果，引起听众的兴趣。比如：

● 坐姿端正，两手平放膝上，身体稍倾，是尊重的表现；

● 坐在沙发或椅子的前沿，身子前倾，头微微倾斜，是对说话内容感兴趣的表现；

● 坐在沙发或椅子上，身子后仰，甚至转来转去，是轻佻、失礼的表现；

● 坐在沙发或椅子上，整个身子侧转于一方，是嫌弃、轻蔑的表现；

● 背朝谈话对象的坐姿，是不屑理睬的表现；

● 坐在沙发或椅子上，向后靠到了双腿和头在同一高度的程度，这种无精打采的行为传递了一个不感兴趣或不愿参与的信号；

● 坐在沙发或椅子上，来回扭动身子，这种不停的身体摆动会给正在向你表达信息的人带来烦恼。

（5）走姿。

走路的姿态就是通过行走或者移动来传递信息。例如：

● 人们走路时步伐稳健，步幅适中，速度不快不慢，上身挺直，两眼平视，双手自然摆动，主要表现的是轻松、平静；

● 步伐有力，膝盖微弯，幅度和速度都适中，手的摆动也有强烈的节奏感，眼睛直视前方，主要表现的是庄重、礼貌；

● 走路轻盈，昂首挺胸，直视前方，主要表现的是愉悦、自信和傲慢；

● 步伐的速度有快有慢，快的时候踱来踱去，慢到俯视地面，主要表现的是平静、悠闲；

● 步伐迟缓，主要表现的是焦急、心事重重；

● 步伐沉重，较小且慢，眼睛低垂，主要表现的是沮丧、痛苦。

（6）其他姿势。

人们的身体动作通常是一串或一组的形式，这时我们就要综合所观察的信息，从一系列的身体语言中找到适当的解释。比方说，如果双臂交叉时，双手同时抚摸上臂，还有哆嗦等的动作，这就一定是对寒冷的反应；但是如果在双臂交叉的同时，还有歪扭着脸、摇头、转身等动作，这时的反应，应该是不同意对方的意见。同样的动作在不同的情境里就可能有不同的含义，就算是一个双臂交叉、下巴低垂的简单动作，如果是在冬天的车站，那么这个人很可能是感到寒冷；但是如果是在商场里面对推销员的解说，则可以认定他正处在防御的状态中。

在对身体语言做出分析和判断时，需要十分细心，因为身体语言所表达的意义随个人性格和文化背景的不同而不同，故而必须根据某个人在特定的场合下体会其内涵。要注意的一点是，对方也可能会利用某些动作、姿势来迷惑你，这就需要你更加敏锐和具有整体把握能力。

总之，在解释身体语言方面没有千篇一律的答案，我们不能孤立地理解非语言信息，而是应该综合各方面因素去考虑，只有顾及了方方面面的因素，结合整个沟通的过程去思考，才有可能准确地把握他人的非语言信息。

1）触觉的体态秘语。

如果你观察参加办公酒会的人们，你会注意到，他们在组织中的地位通常反映在他们碰触了谁、谁又碰触了他们。你将看到，大多数碰触发生在组织内部地位大致相当的人之间。有人拍拍朋友的后背，有人碰碰同事的胳膊，有人用拳头顽皮地捶捶别人的肩膀，所有这些都是"水平"碰触，因为他们在理论上是平等的，那些动作表达的是友谊、友好和轻松的挑衅，它们是相互的或互惠的。换言之，对于地位相当的人来说，一人搂着另一人的肩膀，或者一人轻拍另一人的后背，后者也以类似的姿势做出回应，都是完全可以接受的。

环顾酒会，你还会看到"垂直"碰触，即地位不同的人们之间的碰触。你将会看到，被职员簇拥着的老板把手放在了刚刚加入公司的年轻人的肩膀上，或者在寻找饮品的秘书经过时，轻轻地捏捏她的胳膊，这些碰触是单向的，年轻人或秘书没有以碰触老板的方式做出回应。事实上，正是每次碰触的非互惠性质，而不是碰接的时间，使这些碰触成了"垂直"碰触。"垂直"碰触允许老板行使其符号性权力，对自己的职员施加影响，无论这种碰触是否真诚，都是如此。

大多数"垂直"碰触都是支配性人物碰触屈从性人物，但相反的情形也会出现。如果那个年轻人在被碰触之后，作为回应，他把手放在了老板的肩上，那么这会暗示我们，他们比表面看来要平等得多，这可能危及老板的权威。在某些情形下，比如散步时，地位很高的人不会在意被别人碰触，但是通常他们不喜欢被别人碰触，因为他们知道，这有损于他们的权威，还有被冒犯的感觉。例如，英国女王1992年到澳大利亚访问时，澳大利亚首相保罗·基廷竟然搂了女王的腰。许多英国人觉得这是严重的冒犯，英国的小报甚至给保罗·基廷起了个"奥兹国的蜥蜴"的外号，大多数澳大利亚人无法理解，如此大惊小怪究竟意义何在。

2）背部动作的体态秘语。

背部是与胸、腹部相对的部位，胸、腹在身体的前面，比较容易传达人类的感情、情绪与意识的结合；而背部在身体的后面，它的掩盖和隐藏的功能大大超过了传达的功能，但背部又不可能把人的情感、情绪全部掩盖起来，背部只能掩盖人的表情的明显部分，而泄露出来的部分反而更加深刻地反映出被掩盖部分的本质。例如，一个女孩在哭，从其背部一抽一耸的动作，可以知道她伤心悲苦的程度。

● 挺直背脊的人往往性格正直，严于律己，又充满自信，但在另一方面思想可能比较刻板，欠缺弹性。

● 驼背姿势或低头哈腰的姿势，表明此人具有闭锁性和防卫倾向。这种人虽然有不善于自我表现、慎重和自省的一面，但主要是表露自己精神上的劣势，即愤世嫉俗、孤僻、畏惧、惶恐、自卑等心态。

● 挺拔地站在舞台上或讲台上的演员或教师，从他的姿势可以想象他所受的严格训练和自我约束。

● 端坐的姿势是一种自我约束的表现。在对坐中，挺直背脊一直保持端坐姿势者，等于在他与对方之间筑起一道无形的墙，表示不可亲近、不愿迁就的意思。

● 背向对方或转过背去，一般可以理解为表示拒绝、不理睬或回避。有些女性，转过背去的动作有暗示等待男性来说服的意思。

● 打电话时背对他人，多半是谈论带有秘密性的事。因为背向他人即用背部挡住他人的介入，以消除自己心理上的不安。与他人的背部进行接触的方式有拍背、触摸背部等动作，这类动作原来是由猿猴之间表示亲近关系的搂抱动作简化而来的。在人类社会中，这类动作是身体接触最少意义的动作。

● 同性亲友之间互相拍背，往往表示有同感、有共鸣，或为了鼓励、催促和怂恿。在同性中，不大亲密的朋友之间也常见用于接触背部的动作，在这种情况下可认为是关心对方或有进一步加强人际关系欲望的动作。

● 在异性之间，男性触摸女性的背部，表达了一种既渴望做进一步的接近，又唯恐对方拒绝的心情，有时也表达试探性地说服对方的企图。

3）腹部动作的体态秘语。

● 凸出腹部，表现出自己的心理优势，自信与满足感；抱腹蜷缩，表现出不安、消沉、沮丧等情绪支配下的防卫心理。

● 解开上衣纽扣露出腹部，表示胸有成竹，开放自己的实力范围，对对方不存在戒备之心；重新系一下皮带，是在无意识中振作精神、迎接挑战的信号；反之，放松皮带则反映出放弃努力以及斗志开始松懈，有时也意味着紧张气氛中的暂时放松。

● 腹部起伏不定，表现出兴奋或愤怒；极度起伏，意味着即将爆发的兴奋与激动状态而导致呼吸的困难。

● 轻拍自己的腹部，表示自己有风度、雅量，同时也反映出经过一番较量之后的得意心情。

4）腿部动作的体态秘语。

● 小幅度地摇动腿部或抖动腿部，传达着不安、紧张、急躁的情绪。

● 一条腿自然地架在另一条腿上的女性，表示对自己的容貌、身材有自信。

● 无论男女，频频交换架腿姿势的动作，是情绪不稳定或急躁的表现。

● 标准式架腿动作：即一条腿整齐地叠放在另一条腿上，一般在无意识中表示拒绝并保护自己的势力范围，使之不被他人侵犯。

● 并排而坐的同性或异性，一是如果这两个人都架腿，并互相构成一个封闭的势力圈的话，可以从中看出这两个人关系好，若是谈话，大概谈得比较融洽或投机；二是他们构成的封闭圈表示将第三者圈在外面；三是如果这两个人是一对情侣，这个封闭圈就表示他们的关系已经相当密切。

● 你若就某个主题向对方说明时，对方开始架腿，这个动作实际上表示对方对你的谈话主题不感兴趣。如果你此时还继续你原来的话题，对方就会频繁地变换架腿的动作，表示不耐烦了。

● 叉开腿部而坐是一种开放型的姿势或动作，表明此人有自信，有结束与对方谈话的倾向。

● 把腿搁在桌子上，用桌子架着自己的腿，以此扩大自己的势力范围，这个动作表明此人有较强的支配欲和占有欲，而且在平时的待人接物上多半会有傲慢无理的表现。

● 频频交换架腿姿势的动作是情绪不稳定或不耐烦的表现。

5）足部动作的体态秘语。

足部指膝盖以下的部位，它可以表现与追求、个性和人际关系有关的情绪信息。在我国和西方国家，人们无论坐着或站着，足部都是容易看见的，所以足部动作所传达的信息也容易被对方看到。

● 摇动足部或用脚拍打地板，所表达的意思与抖腿动作相仿，也表示焦躁、不安、不耐烦，或为了摆脱紧张感。

● 女性用脚踝交叉的姿势不仅外观优美，而且传达的表示拒绝的含义也比较含蓄而委婉。

● 男性双足交叉，往往表示在心理上压制自己的表面情绪，如对某人某事采取保留态度，表示警惕、防范，或表示尽量压制自己的紧张或恐惧。

● 一只脚摇晃架在另一只脚上，是心情轻松的表示。如果进一步用脚尖挑着拖鞋或鞋跟摇晃，这就有了较强的放纵含义，如挑逗、诱惑等。

● 鞋底的磨损程度与一个人的性格有关，性格外向、生活态度积极的人，其鞋尖外侧容易磨损；反之，鞋头内侧磨损较多者，属于内向性格；两侧都有磨损者，属温和型或平稳型性格。

● 鞋尖的指向可表现人际关系的亲密程度。例如，有甲、乙两人站着谈话，他们的鞋尖相对距离不远，而且基本在一条直线上，我们可以判断他们两人的关系比较亲密或极为亲密，因为他们两人的鞋尖构成了一个封闭的共有势力范围，不容他人介入。

● 用脚尖拍打地板或抖动腿部，表示急躁、不安、不耐烦或是为了摆脱某种紧张感。

三、说话要听声

日常生活中，我们会自觉或不自觉地使用语调来表达某种情绪，例如：提高嗓门，使话语显得更具威严性；放慢语速、一字一顿地讲解以示重点；降低语调、环顾左右的神态则强调所说内容的秘密性。

当人们用语调这种非语言信息增强所说内容的情感效果，要选择恰当的时机，要注意不能过于夸张。俗话说，"锣鼓听音，说话听声"。事实上，在进行沟通的时候，我们会自觉不自觉地根据对方的语音语调的变换产生相应的反应。一个会沟通的人，不仅能够灵敏地听出对方声调的变化及其所想表达的真实信息，还能有效地对信息加以利用。

1. 声调可以帮助我们辨别语言的真实性

人在激动的时候，说话声音特别高，心跳加快，神经紧绷，甚至面红耳赤，无法调节心跳和呼吸，小孩子也不例外。当你向上级汇报工作的时候，老板说："你这个想法不错，"但是从他的声调中你分明可以听出讽刺的意味，这时你就会想知道对方是否是真的赞同你的意见。在实际的交流过程中，声调和语言的搭配通常可以表达说话人的真实意图，因此我们一定要注意对方说话时，声调与真实感受和想法的一致性，如果发现有不一致的情况，就要及时找出原因，这样才能保证沟通的顺畅。

2. 声调还可以帮助强化表情

语言本身其实是没有任何色彩可言的，但是如果配合丰富的语音语调来说，就会让人感受到你想表达的感情。有些时候人们在沟通时，往往会忽略声音而对声调产生强烈感知。生活中，人们应该都感受过声音的震撼。还记得有人说过这样一件事，一个喜剧演员到国外去参加演出，在一次活动中，他即兴朗诵了一段文章，他的声情并茂感染了在场的每一位观众，演出结束后，大家才知道原来他的那段即兴发挥读的不过是一张菜单。从这个例子我们可以看出，声音对感情的那种强烈的冲击力是其他身体语言所无法替代的。在生活中，声调是一个人情绪的表现，我们可以从和我们交流的人的声调来判断他是善意的还是恶意的，只有充分了解掌握了对方的态度和情绪，才能及时有效地调整我们沟通的策略和方向。

3. 声调的运用有时候也会影响人们的判断力

实验证明，对同一个人的讲话做了技术的处理后分三次播放给不同的人听，就会得出不同的结论。由此可见，生活中，声调的运用也影响一个人在沟通中给人造成的印象。声调作为语言的一种辅助工具，在某种程度上和表情、目光一样对沟通与交流起着重要的作用。

四、沟通的环境和距离

1. 沟通的环境

沟通的环境能向人传达很多重要的非语言信息。例如，当你走进一个人的房间，看到他家里主要放置着家庭成员照片，说明主人特别重视生活和家庭情感；看到他家里放置大量的激光音乐片时，说明主人是一位具有音乐品位的人；看到他家墙上挂了许多名人字画，说明主人是个书画爱好者；如果一个人请别人到比较高档的饭店吃饭，说明他们的关系不一般；如果在一个简陋的饭店吃饭，说明他招待的不是重要的客人。

2. 沟通的距离

一般来说，在沟通中，不管是坐着还是站着，都应该待在对方的"私人空间"之外。私人空间通常定义为对方身体周围 0.5 米的假想空间，进入这个空间就表示某种侵犯。这并不是说你不能与约会对方分享秘密，也不是说你不能碰触对方，而是表示，你如果进入了客户的"私人空间"，那么就是在有目的地采用某种战略。进入私人空间的时候你可能会有很大收获，但也有很大风险。同样地，如果你离开了客户的"临时个人空间"（5 米以内），也会有失去对方注意力的危险。

有研究表明，进行沟通时，人们之间的理想距离应该在 0.5 ~ 1.2 米之间。通常情况下，开始沟通的时候双方的距离应该维持在 1.2 米左右，然后随着双方之间和谐关系的建立慢慢地靠近。

第二节　自我测试

自我测试 1：非语言解读能力测试

请根据你的具体情况选择适当的选项：

1. 与人初次会面时，经过一番交谈，你能对对方的言谈举止、知识素养等做出积极准确的评价吗？（　） 　　A．不能　B．很难说　C．我想可以
2．你和别人告别时，谁会提出下次会面的时间、地点？（　） 　　A．对方提出　B．谁也没有提出　C．我提出
3．当你第一次见到对方时，你的表情：（　） 　　A．热情诚恳，自然大方　B．大大咧咧，漫不经心　C．紧张局促，羞怯不安
4．你是否在寒暄之后，很快就找到了双方共同感兴趣的话题？（　） 　　A．是的，对此我很擅长　B．我觉得这很难　C．必须经过较长时间才能找到
5．通常你与别人谈话时的坐姿：（　） 　　A．两膝靠拢　B．两腿叉开　C．跷起"二郎腿"
6．你同对方谈话时，眼睛望着何处？（　） 　　A．直视对方的眼睛　B．看着其他的东西或人　C．盯着自己的纽扣，不停地玩弄
7．你选择的交谈话题：（　） 　　A．两个人都喜欢的　B．对方感兴趣的　C．自己所热衷的
8．在第一次交谈中，你们各自讲话所占用的时间：（　） 　　A．差不多　B．他多我少　C．我多于他
9．你面谈时说话的音量：（　） 　　A．很低，以致别人听得较困难　B．柔和而低沉　C．声音高亢热情

续表

10．你说话时的姿态是否丰富？（　）
A．偶尔作些手势　B．从不指手画脚　C．常用姿势来补充语言表达
11．你讲话的速度怎样？（　）
A．频率相当高　B．十分缓慢　C．节奏适中
12．假如别人谈到了你兴趣索然的话题，你将如何？（　）
A．打断别人，另起一题　B．显得沉闷、极力忍耐　C．仍然认真听，从中寻找乐趣

评分标准：

题目	选项（5分）	选项（3分）	选项（1分）
1	（3）	（2）	（1）
2	（3）	（1）	（2）
3	（1）	（3）	（2）
4	（1）	（3）	（2）
5	（1）	（3）	（2）
6	（1）	（3）	（2）
7	（2）	（1）	（3）
8	（2）	（1）	（3）
9	（2）	（1）	（3）
10	（2）	（1）	（3）
11	（3）	（2）	（1）
12	（3）	（2）	（1）
合计			
总计			

非语言沟通能力解析：

分数为 0~22：首次效应差。也许你感到吃惊，因为很可能你只是依着自己的习惯行事而已。你原本是很愿意给别人一个美好印象的，可是你的漫不经心或缺乏体贴或言语无趣，无形中让别人做出对于你的错误判断。必须记住交往是一种艺术，而艺术是不能不修边幅的。

分数为 23~46：首次效应一般。你的表现中存在着某些令人愉快的成分，但有时也有不够精彩之处，这使得别人不会对你印象恶劣，却也不会产生强烈的好感。如果你希望提高自己的魅力，首先必须在心理上努力重视，在"交锋"的第一回合就迅速显示出最佳形象。

分数为 47~60：首次效应好。你的适度、温和、合作给第一次见到你的人留下了良好的印象。无论对方是你工作范围内的合作者，还是你私人生活中的朋友，无疑他们都有与你进一步接触的愿望。

自我测试 2：眼睛运用习惯测试

请依据你的具体情况做出相应的选择，在后面的括号中填写"是"或"否"。

眼睛运用习惯	你的情况	
1．不论在何种场合下，我都习惯于注视对方的某个特定部位。	√	×
2．我经常有亲密地注视对方的行为。	√	×
3．我经常有斜视对方的行为。	√	×
4．在正式的商务会谈中，我经常运用社交式的注视方式。	√	×
5．在各种聚会中，我经常运用商务式的注视方式。	√	×
6．和对方沟通时，我习惯看着他的头顶。	√	×
7．和对方沟通时，我习惯看着他的脚。	√	×
8．为了显示我对对方的诚意，我会自始至终地注视着对方的眼睛。	√	×
9．由于生性羞怯，我每次谈话都很少看着对方的眼睛。	√	×
10．不论何种场合，我总是习惯用温和的目光和对方交流。	√	×
11．为了树立自己的威信，我经常用严厉的目光与人沟通。	√	×
12．当对沟通对象厌烦时，我会习惯性地闭上眼睛。	√	×
13．当陷入窘迫境地时，我往往会习惯性地眨眼。	√	×

答案说明：如果你全部选择为"是"，那么说明你需要在眼睛的灵活应用上多加努力；如果你部分选择为"是"，那么你需要在这些方面多加注意，避免类似的现象再次发生；如果你全部选择为"否"，那么恭喜你，你已经

可以灵活运用关于眼睛的表情语言技巧了。

自我测试3：非语言信息含义测试

你知道下列常见的非语言信息的含义吗？你做得如何？

非语言信息	含义回答	自我评价 很少、偶尔、经常
1. 坐着时"跷二郎腿"		
2. 摇晃一只脚		
3. 把铅笔等物放到嘴里咬		
4. 没有眼神的沟通		
5. 脚置于朝着门的方向		
6. 擦鼻子		
7. 揉眼睛，或捏耳朵		
8. 触摸耳朵		
9. 触摸喉部		
10. 紧握双手		
11. 握紧拳头		
12. 手指指着别人		
13. 坐在椅子的边侧		
14. 坐在椅子上往前移		
15. 双臂交叉置于胸前		
16. 衬衣纽扣松开，手臂和小腿均不交叉		
17. 小腿在椅子上晃动		
18. 背着身坐在椅子上		
19. 背着双手		
20. 脚踝交叉		

续表

非语言信息	含义回答	自我评价 很少、偶尔、经常
21. 搓手		
22. 手指叩击皮带或裤子		
23. 无意识地清嗓子		
24. 有意识地清嗓子		
25. 双手紧合指向天花板		
26. 一只手在上，另一只手在下，置于大腿前部		

第八章　书面沟通

"未来竞争是管理的竞争，竞争的焦点在于每个社会组织内部成员之间及其与外部组织的有效沟通之上。"

——约翰·奈斯比特

第一节　书面沟通

一、书面沟通的内涵与类型

书面沟通是利用书面文字作为主要表达方式，在人们之间进行的信息传递与思想交流。常见的书面沟通文体：行政公文、计划类文书、报告类文书、法律性文书、新闻性文书、日常事务性文书。

一字之差

曾经在上海发生过这样一起办学广告纠纷：有一个中外合作办学的项目，涉及收费标准的问题。以前一直写一学年收费 10000 元，由于部分学生一次性缴款有困难，因而校方考虑，在新的学年将一次性收费改为两次收费，并在招生广告上将一学年收费 10000 元改写为一学期收费 5000 元。但当广告登出时，一学期收费 5000 元却误写为一学年 5000 元。随即报名者纷纷涌来。这一书写差错所带来的负面影响是非常严重的。尽管校方在开学时对学生及其家长作了解释，但是仍然有许多人投诉：说学校乱收费，有欺骗之嫌等。这一纠纷甚至持续了 3 年之久！

上述案例告诉我们，尽管只是一字之差，但造成的后果却是难以估量的。由此可见，管理过程中的书面沟通与一般性写作（如文学、学术等）是迥然不同的，它最突出的特征是其严谨性与法律效应。

书面沟通与口头沟通的比较

	书面沟通	口头沟通
优点	● 适合传达事实和意见 ● 适合传达复杂或困难的信息 ● 可以进行回顾 ● 便于存档保管，便于日后查证 ● 在发送信息前可以进行细致的计划和考虑	● 适合表达感觉和感情 ● 更加个性化 ● 成本较低 ● 可以根据语言和非语言的反馈，及时进行改正和调整
缺点	● 耗时 ● 反馈有限且缓慢 ● 缺乏情景和非语言因素 ● 无法了解所写的内容是否被人阅读	● 说话时较难进行快速思考 ● 话一出口就很难收回 ● 有时难以控制时间 ● 容易带有过多的个人色彩而影响信息的可靠性

二、书面沟通的"7C"原则

书面沟通的"7C"原则

1. 完整（complete）

职业文书应完整地表达要表达的内容和意思，何人、何时、何地、何种原因、何种方式等（5W1H）。

2. 准确（correctness）

文稿中的信息表达准确无误。从标点、语法、词序到句子结构均无错误。

3. 清晰（clearness）

所有的语句都应能够非常清晰地表现真实的意图，读者可以不用猜测就领会作者的意图，避免双重意义的表示或者模棱两可。

4. 简洁（conciseteness）

即用最少的语言表达想法，通过去掉不必要的词，把重要的内容呈现给读者，节省读者时间。

5. 具体（concreteness）

内容当然要具体而且明确，尤其是要求对方答复或者对之后的交往会有影响的函电。

6. 礼貌（courtesy）

7. 体谅（consideration）

为对方着想，这是拟定职业文书时一直强调的原则——站在对方的立场。

第二节　书面沟通练习

练习一，目标：判别两封信的高下，并说明原因（10 分钟）；形式：团队讨论、代表陈述（3 分钟）。

亲爱的先生/女士： 　我已经间接获悉你在寻找一家公司为贵公司所有部门安装新电脑。我确信作为一个完全能令人放心的公司，我公司定能被指派。尽管我们在贵公司业务方面经验有限，曾经为你服务过的人说我们能胜任此项工作。我是个非常热情的人，对于与你相会的可能性，除非另行通知，我在周一、周二和周五下午不能拜访你，这是因为……	刘云端先生， 　你好，这是来自微软的信，继我们上周的电话谈话后，我很高兴再邮给你一本我公司的最新宣传册。 　你曾表示过贵公司对安装新型计算机软件感兴趣，我相信我们的服务符合你的要求，会让你满意的。 　期待你的回音，并期望很快能和你会面。

练习二，目标：如何写好求职信。

求职信写作原则

● 注意礼仪，称呼要准确、得体，问候要真诚；

● 客观地确定求职目标，摆正心态；

● 文字通顺，简明扼要，有条理；

- 稳重中体现个性；
- 字里行间流露出自信；
- 学会"适度"推销；
- 尽量不用简称，慎用带"我"的字眼；
- 争取面试机会，缓提薪酬问题；
- 诚信为本，动之以情。

参考文献

1. ［美］戴尔·卡耐基. 挑战人性的弱点：出人头地的捷径［M］. 刘津译. 上海：学林出版社，2000.

2. ［美］弗雷德·鲁森斯. 组织行为学（第 11 版）［M］. 王垒，姚翔，童佳瑾等译. 北京：人民邮电出版社，2009.

3. ［美］弗雷德·鲁森斯. 组织行为学［M］. 王垒等译. 北京：人民邮电出版社，2003.

4. ［美］杰拉尔德·格林伯格（Jerald Greenberg）. 组织行为学（英文版·原书第 4 版）［M］. 张志学（北京大学光华管理学院）译. 北京：机械工业出版社，2007.

5. ［美］里基·W. 格里芬（Ricky W. Griffin），格利高里·摩海德（Gregory Moorhead）. 组织行为学（第八版）［M］. 刘伟译. 中国市场出版社，2008.

6. ［美］史蒂文·L. 麦克沙恩（Steven L. McShane），玛丽·安·冯·格里诺（Mary Ann Von Glinow）. 组织行为学（英文版·原书第 3 版）［M］. 井润田，刘璞，王冰洁，赵卫东译. 北京：机械工业出版社，2007.

7. ［美］斯蒂芬·P. 罗宾斯（Stephen P. Robbins），蒂莫西·贾奇（Timothy A. Judge）. 组织行为学精要［M］. 吴培冠，高永端，张璐斐等译. 北京：机械工业出版社，2010.

8. ［美］斯蒂芬·P. 罗宾斯（Stephen P. Robbins）. 组织行为学精要（第 7 版）［M］. 潘晓莉译. 北京：中国人民大学出版社，2004.

9. ［美］斯蒂芬·P. 罗宾斯（Stephen P. Robbins）. 组织行为学（第 11 版）［M］. 北京：清华大学出版社，2005.

10. ［美］斯蒂芬·P. 罗宾斯. 组织行为学（第七版）［M］. 孙建敏，

李原等译．北京：中国人民大学出版社，1997.

11. ［英］大卫·休谟．人性论［M］．楼棋译．北京：中国社会出版社，1999.

12. Jennifer M. George Gareth R. Jones. 组织行为学（第4版）［M］．北京：北京大学出版社，2006.

13. 艾里丝·瓦尔纳，琳达·比默．跨文化沟通［M］．北京：机械工业出版社，2006.

14. 彼得·圣吉．第五项修炼——学习型组织的艺术与实务［M］．上海：上海三联书店，1998.

15. 蔡明菲．我们的杜拉拉［M］．陕西：陕西师范大学出版社，2009.

16. 查尔斯·E. 贝克．管理沟通［M］．康青等译．北京：中国人民大学出版社，2003.

17. 陈春花，杨忠，曹洲涛．组织行为学［M］．北京：机械工业出版社，2009.

18. 陈国海．组织行为学（第2版）［M］．北京：清华大学出版社，2006.

19. 崔佳颖.360度高效沟通技巧［M］．北京：机械工业出版社，2010.

20. 崔佳颖．看电影学沟通［M］．北京：机械工业出版社，2010.

21. 崔佳颖．员工职业生涯规划［M］．北京：机械工业出版社，2008.

22. 崔佳颖．组织的管理沟通［M］．北京：中国发展出版社，2007.

23. 戴尔·卡耐基．沟通与人际关系［M］．北京：中信出版社，2008.

24. 弗雷德·鲁森斯．组织行为学［M］．王垒等译．北京：人民邮电出版社，2003.

25. 傅云龙．中国哲学史上的人性问题［M］．北京：求实出版社，1982.

26. 甘波，曲保智．沟通时代的管理者［M］．北京：企业管理出版社，1998.

27. 关培兰．组织行为学［M］．武汉：武汉大学出版社，2001.

28. 郭台鸿．高效沟通24法则［M］．北京：清华大学出版社，2009.

29. 韩小杨．企业内的无障碍沟通［J］．企业改革与管理，2004.

30. 韩岫岚，王绪君．管理学基础［M］．北京：经济科学出版社，1999.

31. 黄津孚．企业管理导论［M］．北京：经济科学出版社，2001.

32. 黄培伦．组织行为学［M］．广州：华南理工大学出版社，2001.

33. 加雷思·琼斯，珍妮弗·乔治．当代管理学［M］．李建伟等译．北京：人民邮电出版社，2003.

34. 杰克·格里芬．这样说最有效——高效沟通开启职场晋升路［M］．史锐译．北京：清华大学出版社，2009.

35. 康青．管理沟通教程［M］．上海：立信会计出版社，2005.

36. 孔子．论语·子路.

37. 老子．道德经.

38. 雷斯·吉卜林．人性的力量：如何自信而有效地与人沟通［M］．邱宏译．北京：中国发展出版社，2009.

39. 李仁，李珂．人性5000年：名人评点中国人：五千年中国人性隐秘首次大披露［M］．北京：民主与建设出版社，1999.

40. 李中莹.NLP简便心理疗法［M］．北京：世界图书出版公司，2003.

41. 理查德·瑞提，史蒂夫·利维．公司政治［M］．北京：中信出版社，2003.

42. 刘必荣．办公室里的沟通谈判术［M］．北京：北京大学出版社，2008.

43. 刘伟．肢体语言——比说话更有效的沟通技巧［M］．北京：中国时代经济出版社，2007.

44. 刘燕．组织行为学案例集［M］．上海：立信会计出版社，2006.

45. 刘墉，刘轩．创造双赢的沟通［M］．漓江：漓江出版社，2007.

46. 罗杰·费希尔，斯科特·布朗．沟通力［M］．北京：中信出版社，2009.

47. 迈克尔·E. 哈特斯利，林达·麦克詹妮特．管理沟通——原理与实践［M］．北京：机械工业出版社，1999.

48. 迈克尔·戴尔．戴尔战略［M］．上海：上海远东出版社，1999.

49. 孟子．孟子·公孙丑下.

50. 米尔顿·赖特．倾听和让人倾听：人际交往中的有效沟通心理学［M］．周智文译．北京：新世界出版社，2009.

51. 彭凯平，王伊兰．跨文化沟通心理学［M］．北京：北京师范大学出版社，2009.

52. 齐忠玉，邱丽丽．沟通中的心理学［M］．北京：电子工业出版社，2009.

53. 乔恩·P. 豪威尔，丹·L. 科斯特利．有效领导力［M］．付彦等译．北京：机械工业出版社，2003.

54. 全琳琛．沟通能力培训游戏经典［M］．北京：人民邮电出版社，2009.

55. 桑德拉·黑贝尔斯，理查德·威沃尔．有效沟通［M］．李业昆译．北京：华夏出版社，2005.

56. 斯蒂芬·P. 罗宾斯．组织行为学［M］．孙健敏等译．北京：中国人民大学出版社，1997.

57. 斯蒂芬·狄福．惠普之道［M］．哈尔滨：哈尔滨出版社，2004.

58. 斯蒂芬·李特约翰．人类传播理论［M］．史安斌译．北京：清华大学出版社，2004.

59. 斯蒂芬·罗宾斯．管理学［M］．北京：中国人民大学出版社，1997.

60. 斯克特·奥伯．现代商务沟通［M］．北京：中国人民大学出版社，2009.

61. 苏东水．管理心理学．

62. 孙健敏．管理中的沟通［M］．北京：企业管理出版社，2004.

63. 孙健敏，徐世勇．管理沟通［M］．北京：清华大学出版社，2006.

64. 孙路弘．看电影学管理［M］．北京：中国人民大学出版社，2007.

65. 孙路弘．看电影学销售［M］．北京：中国人民大学出版社，2007.

66. 托马斯·彼得斯，罗伯特·沃特曼．追求卓越［M］．北京：中央编译出版社，2001.

67. 王乐夫．领导学［M］．广州：中山大学出版社，2002.

68. 王青，胡巍．沟通技巧与领导力开发［M］．上海：上海交通大学出版社，2007.

69. 魏江．管理沟通——理念与技能［M］．北京：科学出版社，2001.

70. 肖余春．组织行为学［M］．北京：机械工业出版社，2009.

71. 邢群麟，姚迪雷．有效沟通［M］．北京：华夏出版社，2008．

72. 徐二明，孙健敏．中国人民大学工商管理/MBA 案例：人力资源开发与管理卷［M］．北京：中国人民大学出版社，1999．

73. 徐子健．组织行为学［M］．北京：对外经济贸易大学出版社，2005．

74. 荀子．荀子·王霸．

75. 易书波．中层沟通技巧［M］．北京：北京大学出版社，2008．

76. 余继登．典故纪闻．卷一·明太祖语．

77. 余世维．有效沟通［M］．北京：机械工业出版社，2006．

78. 余世维．有效沟通：管理者的沟通艺术［M］．北京：机械工业出版社，2006．

79. 曾仕强，刘君政．人际关系与沟通［M］．北京：清华大学出版社，2004．

80. 张爱卿．当代组织行为学理论与实践［M］．北京：人民邮电出版社，2006．

81. 张晓明，袁林．沟通与礼仪［M］．北京：科学出版社，2009．

82. 赵慧军．管理沟通［M］．北京：首都经济贸易大学出版社，2003．

83. 赵景华．人力资源管理［M］．济南：山东人民出版社，2002．

84. 赵升奎．沟通学思想引论［M］．上海：上海三联书店，2005．

85. 郑海航．企业组织论［M］．北京：经济管理出版社，2005．

86. 周刚，李钢，梁柳青．管理成功的前提——有效沟通［J］．工程机械，2001．

87. 周三多，陈传明，鲁明泓．管理学——原理与方法［M］．上海：复旦大学出版社，1999．

88. 朱筼笙．跨文化管理——碰撞中的协同［M］．广州：广东经济出版社，2000．

89. 诸葛亮．便宜十六策·视听．

90. 祝慧烨，崔佳颖．价值观管理［M］．北京：企业管理出版社，2008．

后　记

笔者现为首都经济贸易大学工商管理学院的副教授，主要为本科生和研究生讲授组织行为学和管理沟通课程，多年来一直从事企业管理培训及咨询等工作。本教材的很多内容来自笔者培训时准备的教案。多年企业培训中积累到的经验就是教材需要趣味性与实践性紧密结合，才能让读者有兴趣阅读，同时愿意将理论付诸行动。

组织中的沟通需要围绕实现组织目标有效地进行，因此"有效果比有道理更加重要"。笔者期待本书除了能简要、清晰地为学生们介绍管理沟通的概念与理论框架外，还能够为学生们提供一些沟通能力与自我认知的测评量表，以及现实中一些成功和失败的沟通案例。让学生们能够较有兴趣地阅读本书，在成长中提升自我的沟通能力。